EMUN

El Despertar
de los ElOhines

PROFETA LEÓN
Autor

DEDICATORIA

_____
_____
_____
_____
_____
_____
_____
_____
_____
_____
_____

LUGAR: _____

FECHA: _____

_____

FIRMA AUTOR

Anotaciones del Lector

_____
_____
_____
_____
_____
_____
_____
_____
_____
_____
_____
_____
_____
_____
_____
_____
_____
_____
_____
_____
_____
_____
_____
_____
_____
_____
_____
_____
_____
_____
_____
_____

Anotaciones del Lector

Publicado por:

Open Book Publicaciones.

Bogotá, Colombia.

E_ mail:

lobodelaireleon@gmail.com

1ª Edición, Octubre 2023.

ISBN:

ÍNDICE

PREFACIO

Desde antes que el mundo fuera creado, Dios nos ha separado para un propósito especial.

Para alcanzar dicho propósito ha sido necesario atravesar diferentes caminos a través de los procesos, donde nuestra fe ha sufrido transiciones a dimensiones elevadas de consciencia.

Emunah II es un libro creado para que cada creyente pueda correr la cortina del tiempo, mover los velos y activar los diseños del padre en tu vida.

Este libro continua la narración de la historia de una Joven que en la primera parte vivió atrapada en un castillo oscuro, pero en esta segunda parte emprende un viaje hacia los estados profundos de su alma, estados que estamos llamados a descubrir a través de la Fé, estos viajes hacia los estados profundos del alma, representan para cada creyente el desafío del diario vivir a través de la Fé…

Solo cuando el creyente tiene un encuentro a nivel de consciencia consigo mismo puede conectar con la dimensión de

Emunah II el despertar de los Elohines.

Por medio de estas cortas pero poderosas palabras quiero agradecer a cada persona que está caminando el sendero del guerrero, también me place como escritor resaltar el interés y el anhelo ardiente de mi espíritu, la gran satisfacción de tenerte leyendo la segunda parte de esta historia.

La cual aseguro que será para tu vida una experiencia más sobrenatural que la primera parte de esta historia.

Vale la pena decir que lo que vas a
encontrar mientras te sumerjas
en las aguas profundas de esta
escritura será un mundo lleno de
sabiduría plasmado a través de
cada escenario líricamente
presente en esta segunda
entrega de Emunah.

Por esto mis amados lectores
traten de buscar un lugar sin
mucho ruido una hora específica
donde puedan disfrutar en
total plenitud la aventura que
estan a punto de empezar,
de antemano les bendigo y
declaro que la dimensión
Emunah se manifieste
a su espíritu y trascienda
a sus sentidos mientras
vallan cruzando cada uno de
los capítulos de este manual
profético que tienen en sus manos,
así que buen viaje y que el señor
cumpla en su vida el propósito por
el cual se encuentran leyendo
este libro llamado:

Emunah II

El Despertar de los Elohines

AGRADECIMIENTOS

Quiero agradecer al Espíritu Santo, quien es la única razón de mi existencia.

Agradezco especialmente a mi amada esposa Andreina Rosario, a mis hijos quienes han sido un apoyo incondicional en todo el sentido de la palabra.

También Agradezco a todos mis hermanos ministros en la Fé, quienes con sus oraciones nos impulsaron a seguir la batalla contra el tiempo para traer esta segunda entrega.

No puedo dejar de agradecer a quienes fuerón el motivo supremamente digno de que este libro existiera y son ustedes mis amados hermanos y hermanas quienes están leyendo este libro ahora.

NOTAS DEL AUTOR

Mis queridos lectores,
mi nombre es
Jorge Amado Mercedes,
cariñosamente me dicen:

«PROFETA LEÓN»

Tengo el inmenso placer de
dirigirme a ustedes a través de
estas líneas, para hablarles
acerca de

Emunah II
El Despertar de los Elohines

Este libro ya tuvo una primera parte
y ahora nos preparamos para la
segunda parte, muy pronto
tendremos una tercera.

En la primera parte, tenemos junto
a mi equipo de trabajo,
miles de testimonios y
experiencias en personas,
tal como es el tema

«Despertar de la Conciencia Superior».

Ellos despertaron y hoy viven en una nueva dimensión de la espiritualidad, el alma fue diseñada por Dios en la dimensión de los nombres Yahweh y Elohim, así está escrito en la Torah, en bereshitc 2,7

(Génesis 2,7):
Entonces Jehová Dios formó al hombre del polvo de la tierra y sopló en su nariz aliento de vida y fue el hombre un ser viviente. Al HaAdam [al hombre] del polvo de la tierra [adamah] y naphach (sopló) neshamah (alma superior de chayim),y el hombre se convirtió en un nephesh (alma] viviente) ...»

Los nombres de Dios, no son más que recipientes que administran la energía de la función de lo mismo, un ejemplo lo podemos ver cuando se usa el hombre, Yahweh. aquí tenemos algunos niveles de conciencia operando.

Primero: Indica que lo que se está creando, está diseñado para vivir conectado al cielo, esta se constituye en la consciencia del cielo.

Segundo: Esa creación está dotada de la chispa divina, para procrear en el poder de ese nombre, es decir, consciencia procreadora.

Tercero: La unión de los nombres Yahweh y Elohim, significan imágen y semejanza, que es una creación de abajo, unida a la creación superior de arriba, es por eso, por lo que en la restauración cuando Jesús terminó la obra que el padre le había asignado, él oró por sus discípulos diciendo:

Juan 17:22
«...La gloria que me diste, yo les he dado, para que sean uno, así como nosotros somos uno...»

La unión de estos dos
nombres se llama ser ¡Uno!

El pecado nos separó de los
Elohines, pero Jesús vino a
establecer como su misión,
la restauración del reino.

Desde nuestra creación en el
principio, fuimos diseñados para
estar conectados con el mundo de
arriba, para que el alma pueda
afrontar su viaje de una manera
correcta, ya que cada uno de
ustedes, mis queridos lectores,
en la primera parte, crearon la
necesidad y el sentir de despertar
su consciencia, pero ya es la hora
de viajar hacia el despertar
de los Elohines.

Hay una dimensión divina oculta
dentro de cada creyente, que solo será
encontrada cuando nos veamos en esta
dimensión denominada
como Elohines.

Este libro no es más que una guía,
una gran herramienta que te
habilitará para vivir en los senderos
de la Fe, con una conciencia Alef,
que es la unión perfecta e invisible con
el creador.

En el término Emunah, encontramos
cuatro dimensiones, pero antes nos
Preguntaremos:

¿Qué significa Emunah?

Esta palabra, es una palabra hebrea
que significa Fé, que quiere decir
círculo cerrado, lugar impenetrable.
Esta Fé, precisa de dos acciones:

1. Práctica que es cuando Dios
te dice una palabra.

2.Cuando alguien la cree, en ese
momento se crea una Emunah,
un círculo cerrado.

De aquí parten cuatro dimensiones
desde donde funciona la fe Emunah.

Primero: Es el círculo de la eternidad, Dios es eterno, la eternidad es la dimensión del pensamiento infinito donde no existe ni principio ni fin, la biblia dice:

Marcos 9:23
«Jesús le dijo : Si puedes creer, al que cree todo le es posible».

En esta dimensión solo se conectan todos aquellos, que por la Fé no albergan nada como imposible, a ellos, se les llama:

"La generación del pensamiento circular, Fé externa sin final".
Segundo: La línea del tiempo, todo lo que se quiere debajo del sol, tiene un tiempo de cumplimiento, el apóstol Santiago nos regala una perla para que podamos aprender a viajar en esta dimensión:

Santiago 1:3-6
«...Sabiendo que la prueba de vuestra fe produce paciencia...»

Todo el que tiene una prueba, por medio de la Fé, tiene que producir en sí, su sentir de la paciencia, de lo contrario, por la desesperación, se ve abocado a abandonar o abortar los diseños que Dios ha preparado de manera especial para cada quien.

Tercero: La línea del tiempo invisible.

Hebreos 11,3 dice:
«...Por la Fé entendemos haber sido constituido el universo por la palabra de Dios, de modo que lo que se ve fue hecho de lo que no se veía...»

Paralelamente al lado de lo que vemos, hay un mundo invisible, dónde a través del tiempo, podemos ver de manifiesto todo lo que no existe.

Cuarto: Tenemos el punto cero, aquí es donde solo llegan los hombres que tienen una inmensa fe, tan gigante como la que poseían estos seres, como son:

El patriarca Abraham, Job, Jacob y Pablo entre otros, para ellos todo y nada en Dios es lo mismo.

Este libro está diseñado para seguirte llevando hacia tu destino profético.

Emunah II

El Despertar de los Elohines

¡Bienvenidos a bordo!
Att: Profeta león 7.

Capítulo 1

El viaje del más allá, Ella y Él

En la primera parte
encontramos la historia de
«La Joven y el ser extraño»,
vemos que esta historia quedó en
el siguiente párrafo:

«…Cuando finalmente la puerta se
abrió por completo, un destello
brillante envolvió a la Joven.

Al otro lado, un mundo desconocido
se reveló ante ella. Los sonidos de la
naturaleza y el suave susurro del viento
acariciaban su piel.

La Joven inhaló profundamente,
sintiendo la frescura del aire.

Aunque sus ojos no podían
ver ni captar la luz, su mente
imaginaba el paisaje que se
extendía ante ella.

A través de sus otros sentidos
agudizados, podía percibir la
belleza que se desplegaba.
La Joven avanzó con cautela,

explorando el nuevo terreno con sus manos extendidas.

A cada paso, el suelo bajo sus pies cambiaba, desde la suavidad de la hierba hasta la rugosidad de las piedras eran sensaciones nuevas para ella.

En medio de la oscuridad que la ceguera causaba en ella durante tanto tiempo, por fin habia encontrado un espacio para disfrutar todas estas nuevas sensaciones que habia alcanzado gracias a la confianza y la resistencia.

Cuando ella se dispuso a buscar al ser misterioso que tocaba su puerta, la sorpresa que se llevó la dejó en shock, porque ella nunca esperó que ese ser extraño era el que insistía tanto para que ella abriera esa puerta... La Joven sintio una presencia y dijo:

— ¿Quién eres?

Él le dijo:

—"¡Hola, yo soy Hayá (Jayá)!

¡Yo soy la consciencia superior!
¡Soy la luz al final del túnel!
¡Soy la voz que llama a tu alma
para que puedas experimentar
y vivir sucesos sobrenaturales!"

Hayá (Jayá) era el ser extraño que
tocaba su puerta y la había
esperado pacientemente a
que ella pudiera llegar a abrir...

Hayá (Jayá) Invito a la Joven
a su nueva vida llena de
descubrimientos diciendole:

-"He venido a sacarte de tu cárcel,
a libertarte de tu estado de
odcuridad y esclavitud mental,
vengo a abrir tus ojos y a enseñarte
la senda que caminan solo

los guerreros que vienen
a la dimensión de la
existencia superior."

Luego de pronunciar aquellas
palabras, le dijo:

-"Voy a poner mis manos
en tus ojos, para que puedas
ver la luz, más allá de tu oscuridad",

En ese mismo momento,
mientras Hayá (Jayá)!
hablaba con Ella le dijo:

-"Ven, Acércate a mí"

Ella, guiada por la cálida voz del ser
extraño sintió confianza y caminó
hacia él, cuándo la Joven estaba
lo suficientemente cerca,
Hayá (Jayá) puso sus manos
sobre el rostro de la Joven,
al instante un fuego abrasador
fluyó a través de las manos de
Hayá (Jayá) y con el impacto de
este fuego santo, el ser extraño

abrió los ojos no solo fisicos
si no espirituales de la Joven,
dándole a Ella la capacidad
de ver por primera vez la luz.

Sorprendida por esto,
Ella se dijo así misma:

-"Cuanta belleza me perdía
mientras estaba presa en
ese castillo de oscuridad,
ahora puedo ver más allá de las
puertas de este palacio oscuro,
que por mucho tiempo
fue mi propia cárcel"

Poco a poco, sus sentidos
comenzaron a adaptarse a la
nueva realidad. De repente,
pudo percibir la luz, los colores
y las formas que nunca
antes había experimentado.

Ella miraba hacia todos los lados
disfrutando la dicha de poder ver
la luz por primera vez y se dispuso
a ver las afueras de ese castillo,
mientras se alejaba de la puerta.

La escena ante sus ojos era asombrosa; un paisaje deslumbrante se extendía ante ella, lleno de colores vibrantes y detalles que nunca había imaginado.

Las lágrimas brotaron de sus ojos recién abiertos mientras contemplaba maravillada el mundo que ahora podía ver.

La joven, aún asombrada por la transformación que acababa de experimentar, por fin vio la luz que estaba más allá de su palacio que por mucho tiempo fue su propia cárcel donde ella y sus pensamientos vivian cautivos.

Ella avanzaba e iba corriendo descalza sobre el césped, parecía una niña juguetona, llena de gozo y alegría, pero sobre todo, llena de libertad; entonces entendió que lo que estaba pasando en su vida era algo sobrenatural, fue allí cuando dijo dentro de sí:

-"Por la emocion de ver sali
corriendo a verlo todo,
pero ahora iré a darle las
gracias a Hayá (Jayá)
quien fue el que abrió mis ojos,
este ser misterioso que tocaba
mi puerta con gran paciencia
e insistencia".

Mientras Ella corría hacia él extraño
ser, la sorpresa que se llevó la dejó en
shock, porque nunca esperó que ese
ser no fuera una persona
común y corriente.

Al regresar donde Hayá (Jayá)
su gran sorpresa fue que este ser
extraño era una criatura muy rara,
ya que al detallarlo con mas
detenimiento se dio cuenta que
no se le veían los pies,
pues este se desplazaba
levitando sobre las superficies,
parecía algun tipo de espectro,
un espíritu visible en el mundo

de los vivientes, era una figura etérea y compasiva, con una presencia reconfortante.

Ella dijo:

-"Pero... ¿qué es esto?"
¡No se ven tus pies!

El solo le dijo:
— Ten paz,

Pero Ella Insistía tanto en querer saber, que él tuvo que darle una explicación, para sacarla de la confusión en la que se sentía en ese momento, ya que la apariencia de él era extraña ante los ojos humanos y muy difícil de analizar, con los sentidos naturales, Ella tenía que aquietar el ruido mental que la estaba abrumando, pues esta era la primera vez que la Joven estaba viviendo esta experiencia. Hayá (Jayá) le continúo diciendo:

—"Esto que ves, no es mi verdadera apariencia, solo es una forma que me ha sido otorgada, esta forma me la dieron para venir acá a ayudarte, mi verdadero cuerpo reposa en otra dimensión, esperando ser despertado, solo quiero que sepas cuál es mi misión en tu vida…
¡Yo soy el encargado, de hacer que todos los niveles de tu alma sean Ejad! (UNO).

¡Yo Soy quien sabe unificar todas las piezas de tu rompecabezas existencial, en tus emociones, miedos y realidades!

-Mi misión es llevarte al Meshia (Mesías).
—He venido por ti, porque tienes que emprender un viaje hacia las dimensiones profundas de tu alma, en esta travesía tú vas a ir tomando una armadura que fue dispuesta para ti, desde antes que este mundo existiera, el objetivo de mi misión es llevarte al lugar donde están

sepultados todos los
ELOHINES, nuestra misión
es llegar hasta allá, será un viaje
difícil, con muchas dificultades,
con tormentas y confrontaciones
en los diferentes niveles que
caminaremos, tenemos que ser
fuertes, hasta cumplir nuestro
destino, he venido a sacarte de tu
propio castillo, para que te
encuentres a ti misma, y entiendas
el propósito por el cual el padre te
trajo a este mundo".

—"¿Estás preparada?"

—¡Sí! respondió la Joven,
pero necesito ayuda,
no tengo experiencia para
un viaje tan sobrenatural.

Hayá (Jayá)
le respondio lo siguiente:

—"Solo ten paz y confianza,
deja que la consciencia superior
se mantenga despierta,

-¡Yo seré tus ojos en
la oscuridad, yo seré tu sombra
en el desierto!"

Hayá (Jayá) continúo diciendo:

—"Yo seré la nube que te guiará,
solo mantén la conciencia
superior despierta."

¡Emprendamos el viaje hacia
el más allá!

¿Qué es un viaje hacía los estados profundos del alma?

El alma tiene cinco niveles e infinitas
dimensiones, en este orden de ideas,
el viaje es por definición; la transición
entre un estado de
conciencia y otro que nos permiten,
para escalar a nuevos niveles en la
transformación del ser interior.

¿Cuál es el propósito del viaje?

Es llevar lo creado al estado
del creador, la biblia dice:

Efesios 4, 11-13:
*«... Y él mismo constituyó a unos,
apóstoles; a otros, profetas;
a otros, evangelistas; a otros,
pastores y maestros, a fin de
perfeccionar a los santos para la
obra del ministerio, para la
edificación del cuerpo de Cristo,
hasta que todos lleguemos a la uni-
dad de la fe y del conocimiento del
Hijo de Dios, a un varón
perfecto, a la medida de la estatura
de la plenitud de Cristo...»*

El estado del creador es la
perfección, ese es el fin que anhela el
alma. Como vemos en efesios los cinco
ministerios fueron constituidos para edificar los peldaños de
crecimiento de los creyentes,
con el fin de ser llevado al
estado del creador.

¿Quién es Hayá?

Como ya he dicho el alma tiene cinco niveles, estos se dividen en:

-Dos partes que están fuera de nosotros: Los denominaremos luces externas.

-Tres que funcionan internamente: Los llamaremos luz interna

Las 3 Funciónes internas está compuesta por:

1. Nephesh: (Alma material), es el cuerpo, es la parte más egoísta y donde más obstáculos tenemos para avanzar en el viaje del más allá.

Esto se debe a que es la parte más alejada de la luz y por la que más nos preocupamos, la materia debe ser el depósito donde la luz manifieste su brillo y no el obstáculo para que la luz superior brille. Esto científica y bíblicamente funciona en el **Kebe(Hígado).**

2.Ruaj: Esta es nuestra parte emocional, aquí se desarrolla como tal, nuestra personalidad, es la frontera entre la materia y lo espiritual, en este nivel muchas personas son huérfanas emocionales, y a causa de esto no pueden emprender su viaje, pues la orfandad espiritual, lo llevó preso de sus emociones.

Otro fenómeno que surge a nivel emocional, son los vacíos existenciales, donde las personas no encuentra su razón de ser, y empieza el cólera a hacer de las suyas y la desagradable frustración de vida, basado en malas experiencias de vida, es por eso que es necesario sanar el alma a nivel emocional.

Esta funciona en el **Lev (Corazón).**

3.Neshamah: Esta es el alma superior, representa el espíritu de Dios y es el nivel de inteligencia, aquí es donde podemos desarrollar la semejanza divina, o donde la luz, puede ser invertida y tomar la capacidad de hacer el bien, para desarrollar el mal, esta funciona en el **Moed (cerebro).**

Estas tres funciones componen la luz interna, si unifico las tres palabras, donde funciona el alma de manera interna :

Moed, (cerebro), lev (corazón) y kebe (hígados) entonces entraríamos y encontraríamos las iniciales de la palabra **Melek (Rey)**, para iniciar el viaje hacia los estados profundos del alma y conectar con **Hayá (alma esencial),** es necesario que el Señor sea el rey de tu alma.

4.Hayá: (Alma esencial) esta opera en la intuición divina, conociendo los misterios no revelados de Dios.

Este nivel está por fuera
de nosotros, la gran pregunta será:

¿Cómo activo Hayá?

Esto solo es posible por medio del
otorgamiento divino del reador.
Por esto la biblia dice:

Filipenses 2, 13:
«...porque Dios es el que en
vosotros produce así el querer
como el hacer,por su buena
voluntad...»

Es por eso, por lo que la Joven
empezó a ser seducida por aquel
personaje, que está más allá de su
conciencia, para alcanzar un fin
y emprender un viaje que
transformara su vida
para siempre.

Hombres como Abram, Jacob, José,
David entre otros, fueron desafiados
a activar este nivel de su alma,
para hacer el viaje hacia el

más allá a través de los
estados profundo del alma.

5.Yehida: Es el alma de Dios,
es el estado de la perfección,
es el fin que nuestro ser busca.

Los sabios dicen:

«Cuando Moisés subió al monte
duró cuarenta días en el
alma de Dios»

Entonces la biblia dice:

Exodo 34:35
*«...los hijos de Israel veían que
la piel del rostro de Moisés
resplandecía y Moisés volvía
a ponerse el velo sobre su
rostro hasta que entraba a
hablar con Dios...»*

El velo representa, la separación de
niveles, el pueblo no podía ver a
Moisés cara a cara, ya que Dios
estaba en su rostro.

Emunah II el Despertar de los Elohines,

Es un libro que nos desafía a
emprender en la vida de cada
creyente el viaje de su alma,
con el fin de alcanzar
la meta que el alma vino
a hacer desde la eternidad.

Mientras la Joven y Hayá (Jayá) se alejaban del castillo, por la espalda de la Joven, se empezaron a escuchar aullidos y bullicios en el castillo, la Joven preocupada, quiso mirar hacia atrás, ya que el ruido del palacio, que fue su cárcel, le generaba este sentimiento, preguntándole a Hayá (Jayá):

—¿Qué son esos ruidos?

A lo que Hayá (Jayá) respondió:

—"Son los estados del alma que te
mantenían prisionera en la oscuridad,
sin poseer una visión, sin nada para
tu vida, son los estados que te
asfixiaban mientras vivías en la
oscuridad, ellos estarán buscando
un portal, para también liberarse y
buscar la manera de impedir tu viaje
al más allá, lo mportante es que
ya tu lógraste escapar del castillo
que te tenía encarcelada,
este castillo representa
tu propia mente.

Si mis queridos lectores,
muchas veces hay condiciones que
convierten nuestra propia mente,
nuestra propia alma en una cárcel,
para que no podamos ver la luz,
que no deja que nos encontremos
con nuestro propósito eterno,
ese propósito que vive y late,
y que está en áreas reconocidas de
nuestro ser.

Por esto es necesario que te
encuentres con tu propio
Hayá (Jayá), para que sean
desbloqueados esos niveles de
sabiduría y esos estados de
consciencia superior, todo lo que
dejas atrás, son cárceles mentales,
todo lo que dejamos atrás,
son conexiones con el
sitra hará (inclinación al mal),
que antes tuviste.

La ignorancia es un velo que
pertenece al sitra hará, la Joven por
más que luchó, nunca pudo escapar
del estado de oscuridad,
Ella sabía que había algo,
sabía que podía existir algo
más allá de la mente de su castillo,
Ella sabía que donde estaba,
no era del todo la realidad,
por eso cuando escuchó la voz de
Hayá (Jayá), decidió avanzar,
rompiendo la duda, los temores,
los miedos y con las ansias de todos
aquellos titanes que luchaban por
mantener su alma en un estado de

cautividad, mientras más se alejaban, los aullidos disminuían, hasta que llegaron a un lugar donde Hayá (Jayá) le dijo a la Joven:

—"Este siguiente nivel, traerá un nuevo despertar, necesitas atravesarlo para que puedas estar fortalecida y poder continuar el viaje de tu alma."

Capítulo 2

Tomando las armaduras celestiales

Mientras se alejaban del castillo,
las voces que salían dentro del
mismo se extinguían gradualmente,
pues la distancia le ayudaba a dejar el
lugar que fue antes su cárcel.

Ella está maravillada al ver que
afuera del castillo había un paisaje
tan hermoso, no podía creer la
experiencia que estaba viviendo
ahora y todo lo que se perdía de
apreciar por estar prisionera en aquel
horrible lugar al que Ella llamaba su
casa, estaba perpleja y se decía
dentro de sí misma

¡Wow! Cuantas cosas me estaba
perdiendo, cuanta belleza y
esplendor, ahora que dejé
de contemplar la oscuridad,
que me tenía atrapada,
por dejarme segar de mis propias
convicciones, las cuales no estaban
alineadas a mi propósito de vida,
ahora entiendo que la oscuridad del
castillo, es en realidad una cortina que
nubla el alma, realmente este es el velo

de la ignorancia, que nos separa de
vivir en las dimensiones
o estados profundos de la
conciencia superior.

Mientras pasaban las horas,
Ella le preguntaba muchas cosas
a Hayá (Jayá), pues a su entender
y en su débil capacidad de
percepción del mundo espiritual,
no le daba la experiencia para
saber a profundidad estas cosas.

Como una niña curiosa, Ella le hacía
muchas preguntas acerca de la
armadura y de cómo la conseguiría,
también le preguntaba cómo iba a
hacer el uso de esta y cuál era la
manera de cómo debía portarse.

Tienen que entender mis amados
lectores, que cuando uno ve por
primera vez la luz, el impacto
recibido provoca una emoción
muy fuerte y esto nos impulsa a
preguntarnos muchas cosas que
nos llegan a la mente y también

provoca la sensación interna de hacernos preguntas a nosotros mismos, pero de todas las preguntas que Ella le hizo, hubo una muy interesante.

La Joven miró a Hayá (Jayá) a los ojos y le dijo:

-"¿Dónde conseguiremos la armadura?"

El sonrío y siguió avanzando, como si la ignorará, luego de varios pasos, este dijo:

—"Esta armadura está dividida en diferentes dimensiones, repartidas en lugares que en este viaje debemos ir conquistando, según vayas subiendo de nivel, te irán vistiendo con cada una de las piezas de esta armadura, cada nivel tiene una vestidura diferente, cada escalón que subas, tiene una parte diferente, cuando todo los niveles se unen,

se convierten en una coraza,
un armazón que encaja perfecto
en tu diseño original,
ya que fue hecho a tu medida."

-"Tienes que entender que existen
dimensiones muy profundas dentro de
ti, que están ocultas y deben ser
desbloqueadas por el espíritu de la
sabiduría y tendremos que llegar
hasta él, para que él sea quien
habilite la armadura, para poder
usar los poderes que se te otorgarán,
una vez entres a esa dimensión de
guerra espiritual.

Mis queridos lectores, cuando entran
en este estado de conciencia,
ya tienen de su parte, todas las vías
habilitadas para emprender el
llamado y el propósito por el cual
están en el mundo de los vivientes.

Ella con el rostro medio
triste le dijo:

—"Pero siendo así, será muy difícil conseguir todas las piezas de la armadura completa."

Entonces viéndola triste,
Hayá (Jayá) se detuvo
y le puso una mano
en los hombros y le dijo:

-"El camino por el que vas,
no es para cobardes,
ni para miedosos,
este camino es para valientes,
para aquellos que se han vencido
a sí mismos y lo han dado todo por
descubrir su propósito
en este mundo".
-"El hecho que sea difícil,
no quiere decir que sea imposible.
Nunca olvides esto,
grábatelo en tu espíritu:

**Cuando DIOS
está presente,
lo imposible
no existe."**

-"Ahora ten algo muy claro,
una cosa es conseguir la armadura
y otra cosa es conseguir las
armas de guerra, que van con el
diseño de tu armadura."

Hayá (Jayá)
continuó diciendo:

-"No será nada fácil,
poder entrar a estos estados"

El le repitió lo que antes le
había dicho a la Joven,
y le dijo que no es fácil,
pero tampoco es imposible,
con esfuerzo, valentía, coraje
y disciplina lo lograrás

Sigue marchando y te mostraré
como es que se alcanza cada parte
de esa armadura que encaja a la
perfección con tu diseño original,
mientras llevaban horas caminado,
llegaron frente a un bosque en
el cual había un árbol muy grande,

que sobre salía por encima de todos
los demás, este llamó mucho
la atención de la Joven y Ella
le preguntó a Hayá (Jayá):

— ¿Porque hay un árbol tan
grande en este bosque?
Continuó la Joven y dijo:
"Aunque está muy lejos desde acá, se
logra ver lo inmenso que es".

Entonces le dijo Hayá (Jayá):

-"Ese árbol gigante es la casa del
anciano del bosque, él tiene todo el
conocimiento, debemos llegar hacia
él y obtener el conocimiento
y la unción, para conseguir las
primeras piezas de tu armadura."

Mientras se adentraban en el bosque
oscuro, se escuchaban ruidos y
alaridos, esta vez no eran las voces
que habían dejado atrás en el
castillo, si no, entidades que vivían
en ese bosque, eran guardiánes
centinelas que custodiaban
misterios y dimensiones espirituales
que se encuentran dentro de
ese bosque.

Para poder llegar al gigantesco
árbol que vieron ellos tenían
que atravesar el bosque oscuro,
a este le llamaban.

"El valle de la sombra de la muerte"

Todo el que entra vivo a este
lugar, debe salir muerto,
le dijo Hayá (Jayá),
porque el anciano que vive
en el árbol no recibe a nadie vivo,
este solo recibe personas que
ya han muerto.

Cuando la Joven escuchó estas
palabras de la boca de Hayá (Jayá),
se quedó muy asustada
y preguntó:

—¿Tengo que morir?

Hayá (Jayá)
le respondió:

—"No es una muerte física,
es una muerte diferentea
como la conoces".

Ejemplo de esto mis amados
lectores, lo vemos en la biblia,
cuando el apóstol Pablo dijo:

Gálatas 2,20.
«… Con Cristo estoy juntamente crucificado, y ya no vivo yo, más vive Cristo en mí; y lo que ahora vivo en la carne, lo vivo en la fe del Hijo de Dios, el cual me amó y se entregó a sí mismo por mí…»

Hay muchas cosas que tienen que morir en nuestra vida para poder conseguir los conocimientos profundos, porque en esta revelación de la Joven, el señor nos está mostrando, que existen dentro de nuestro espíritu árboles como este y dentro de cada árbol se manifiestan los frutos del Espíritu, es decir, los dones espirituales, que son las herramientas que debemos usar para caminar en nuestro diseño original.

En este árbol existen dimensiones, estados de conciencia que **NO SON COMPATIBLES**

con el ego, con el orgullo, con la
soberbia del ser humano,
ni con ninguna de las cosas que
desagradan a Dios y que condenan
nuestras almas a vivir una vida
miserable, lejos de la presencia de
nuestro padre celestial.

Por esto se hace muy necesario
morir a estas energías oscuras,
que crean modos de
comportamientos y forjan conductas
queno provienen del reino de Dios.

Por tal razón, se hace necesario
morir a muchas cosas para poder
llegar al árbol y adquirir el
conocimiento para que a su vez,
se puedan tomar las primeras
piezas de nuestra armadura.

Hayá (Jayá) miró a la Joven
y le dijo:

—"Entremos al bosque".

La Joven asintió con la cabeza
y tomó la decisión de avanzar,
mientras Hayá (Jayá) la dejaba
ir delante de él, Ella al ver que
Hayá (Jayá) no avanzaba a la par,
le dijo:

—¿Porque no entras junto conmigo
y me dejas ir adelante?

Y Hayá (Jayá)
le respondió:

—"Porque la primera decisión
la tienes que tomar tú,
yo solo soy un guía,
no puedo hacer lo que te toca
hacer a ti en este camino,
si tú avanzas yo avanzo,
si tú te detienes yo también".

Mis amados, es bueno entender
que toda persona, que quiere
entrar a un nivel de búsqueda del
conocimiento de las cosas del reino,
debe experimentar tres principios
fundamentales a tener en cuenta.

Tienes que anhelar sentir pasión por el conocimiento que buscas.

Tienes que desear profundamente en ti el conocimiento, para poder vivir en la influencia sobrenatural que irradia su santo nombre.

Tienes que entender que debes asumir una acción física, correspondiente a la activación de la atmósfera que buscas en Dios, Esto lo confirma las sagradas escrituras en:

Santiago 2, 20:
¿Mas quieres saber, hombre vano, que la Fé sin obras es muerta?

Acá claramente dice que la Fé sin obras está muerta, es decir que la Fé es la fuerza, la Emunah espiritual que hace que las cosas físicas se manifiesten, las obras son las acciones que tomamos cuando decidimos entrar al valle de las sombras, creyendo la palabra que el señor puso en nuestro espíritu, esto es aferrarse a sus promesas, como hueso y carne, como uña y piel, Abba Shama (Padre fuego).

Ella caminó y así fueron penetrando más y más en el bosque, pero le esperaba una sorpresa, porque el Guardián de la entrada del bosque ya los estaba esperando, su nombre era Pajadey Nefesh, que traducido es el "Miedo del Alma".

Cuando este vio que la Joven entró sola, comenzó a hacer una especie de silbos muy agudos, que penetraban hasta lo más profundo del alma de la Joven, provocando en Ella escalofríos y unos temblores anormales en todo su cuerpo, Ella decía dentro de sí :

-¿Porque estoy comenzando a reaccionar de esta manera

y a sentir tantas cosas raras,
que es esto que estoy sintiendo
dentro y fuera de mi cuerpo?

Pero el Guardián seguía haciendo
estos silbidos, su intención era poder
quebrar la voluntad de la Joven,
para que perdiera sus fuerzas,
y no pudiera seguir su camino de
adentrarse en el bosque,
al percibir que al ruido no se detenía,
Ella comenzó a sentir una doble
debilidad en su alma y sus
sentidos, cuando el Guardián de
la entrada del bosque supo que
su ataque estaba haciendo
efecto en la vida de la Joven
generándole gran temor.

Ella exclamó y le dijo a Hayá (Jayá)
de su temor, pero reinó el silencio,
Ella gritaba más fuerte:

-"Tengo miedo",

Entonces Hayá (Jayá) le dijo:

-"Este es el primer gigante que tienes
que vencer, se llama MIEDO",

Ella le dijo:
- "Pero el miedo no lo dejamos
allá atrás en el castillo?

Hayá (Jayá) le respondió,
el miedo que dejamos allá en
el castillo es un miedo emocional,
este miedo esmucho másfuerte,
pues este es el miedo del alma,
es el miedo que sienten todos los
guerreros cuando van a ascender
a las dimensiones sobrenaturales,
si no vences este miedo no podrás
salir de este valle de la sombra
de la muerte.

Mis amados, con las palabras de
Hayá (Jayá) podemos entender
claramente que este gigante,
tiene a miles de guerreros que se
encuentran cautivos en este
valle de sombra y muerte,
hombres y mujeres con llamados
poderosos para servir en el reino, pero

que un día entraron al valle y ahí
adentro murieron sus sueños,
su llamado, la visión que el Señor
les dio, muchos negaron su
asignación por dudar que tenían el
potencial para seguir adelante,
prefirieron escuchar el silbido del
Guardián del bosque,
por no dejar sus miedos.

Mientras ustedes mis queridos
lectores, leen este libro,
sentirán que este es como una
espada que les atravesará el alma.

Ahora tengo una
pregunta para ustedes:

**¿Saben si están espiritualmente
sepultados, dentro de este valle,
se sienten estancados, sienten que
sus vidas no valen nada?**

¡Si la respuesta es si,
les aseguro que estas palabras
que se están liberando en la
atmósfera, son para ustedes!

Primero, tienen que estar atentos
a lo que Dios ha dicho de ustedes,
tienen que estar aferrados a sus
promesas, es posible que en
el lugar que se encuentren,
estén rodeados del fracaso,
o de los sin sabores que les ha
dejado el pasado, pero nada de
esto importa, ahora lo que sí
importa, es que recuerden
¡que ustedes son la, obra de arte
de un maestro que no
comete errores!

Él es sobrenatural, él Señor está
a punto de manifestar en tu vida algo
poderoso, en el nombre de Jesús,
no abandones este libro, persigue
tus sueños y no te rindas.

Los dolores son fuertes,
los procesos son dolorosos,
aprende a sacar lo mejor de
tu desierto y dile al señor:

"Padre eterno, dame la capacidad que
tiene un cactus, para sobrevivir en el

desierto, enséñame a salir
vivo de este valle, yo sé que puedo
ver tu obra acabada en mi vida,
en el nombre de Jesús".

Cuando la Joven escuchó
las palabras de Hayá (Jayá),
tomó fuerzas y decidió
avanzar y dijo:

—"No hay retroceso,
voy hacia adelante,
cuésteme lo que me cueste
voy por mis sueños,
por mi llamado y voy a cumplir
el propósito por el cual vine
a este mundo"

Hayá (Jayá) le dijo:

—"Esto es a lo primero que tienes
que morir, porque los cobardes no
heredarán, ni tampoco pueden
caminar en la dimensión del reino,
estos no llegan a conocer los
misterios, a los cobardes no se les
revelan las cosas sobrenaturales,

de la vida de los cobardes nunca
se ha escrito una historia,
pues nadie los recuerda

¡Tienes que resistir al miedo
y avanzar!

Mis queridos lectores,
cuando manifestamos el miedo,
vamos cayendo lentamente
de la dimensión del reino,
y esta dimensión manifiesta una
desconexión de nuestro diseño
original, recuerdan que cuando
el hombre perdió su armadura y
se desconectó de la luz del padre

¿Recuerdan cuando Dios llamo al
hombre en el huerto, cuales fueron
las palabras que este respondio?

Génesis 3:10
**"Oí tu voz en el huerto, y tuve
miedo,** *porque estaba desnudo;
y me escondí."*

Por esto es que este Guardián está al asecho en este bosque, **porque él miedo quiere impedir que tu puedas tener interacción con la voz de Dios.**

Cuando Adán vivía en la luz, tenía confianza y no le asustaba la voz de Dios, pero cuando fallo y se desconectó de la Luz, su comportamiento ahora era de un hombre que se escondía de la voz de su propio creador.

Ya viviendo en un cuerpo natural fueron claras sus palabras:
Génesis 3:10
*"Oí tu voz en el huerto, **y tuve miedo,** porque estaba desnudo; y me escondí."*

Por esto hay que resistir al pecado y caminar en la dimensión del reino, para no temer a la voz del padre, para no asustarnos cuando escuchemos las voces de las entidades de luz, las voces de

nuestros hermanos los ángeles
sobrenaturales, que quieren
enseñarnos e implantar en
nosotros misterios profundos,
se necesita no tener miedo para
poder hablar con los angeles e
interactuar con ellos, ya que la biblia
dice claramente que ellos están
a nuestro servicio como
siervos de nosotros,
En los siguientres libros:
hebreos 1, 13-14
*«¿A cuál de los ángeles
dijo Dios alguna vez:*

Salmos 110:1
*«Siéntate a mi derecha,
hasta que ponga a tus enemigos
por debajo de tus pies»?*

¿No son todos los ángeles espíritus
dedicados al servicio divino,
enviados para ayudar a los que
han de heredar la salvación?»

Ellos están para ayudarte a continuar
la travesía hacia la eternidad.

«Mientras más penetraban el bosque del valle de la sombra de la muerte, el Guardián arremetía contra Ella, hasta que La Joven gritó y dijo:

-"Miedo, no te tengo miedo, si vine a este bosque, es para encontrar y cumplir mi propósito y no me detendré hasta cruzar al otro lado de este bosque, tengo que llegar al árbol gigante y encontrarme con él anciano"

las palabras de la Joven fueron tan fuertes como golpes de espadas que atravesaban las sombras del bosque, de repente el guardián emitió un aullido como el del lobo, Ella pudo interpretar aquel aullido y supo que había logrado crear una ruptura en el mundo de las tinieblas.

Después de este aullido, aparecieron entidades muy fuertes con la misión de impedir el avance de la Joven dentro del bosque oscuro, para no dejarla cruzar,

Ella se llenó de valor y continuó caminando, aunque ya no veía a Hayá (Jayá), seguía poniendo de su parte y en cada paso que daba dentro de la oscuridad, sentía como Iba muriendo el sentimiento del miedo dentro de Ella.

Siguió avanzando y en un momento, miró a un lado, miró al otro, entonces se dio cuenta que era real, Hayá (Jayá) no estaba con Ella, en el momento, pensó en su mente:

-"¡Me he quedado sola!
-¡No sé hacia donde ir!
- ¡No sé a dónde llegar!"
Ella decía,

-¿Por qué?
—"El lugar está muy oscuro"

Continúo la Joven diciendo la misma palabra del Señor:

Tengo que caminar,
como viendo a lo invisible,
continuó diciendo la Joven.

-¡No sé si avanzar o retroceder!
-¿Qué hago?

Gritó con voz fuerte:

-"¿Hayá (Jayá) dónde te has metido?
Me siento sola en el valle de
la sombra de la muerte".

Amados lectores,
este es el momento cuando
entienden que todo el mundo les
ha dado la espalda, es ese momento
de su vida, cuando entienden y
piensan que su esfuerzo no es
valorado, que todo lo que han hecho
no vale nada y sienten la fuerza
interior, pero exteriormente se
sienten abandonados, porque nadie
responde a su llamado, y la soledad es
su única compañera, pero justo aquí,
es donde tienen que aprovechar,
es en ese momento
consigo mismo y usar la
soledad a su favor

Pero debo decirles que la soledad puede ser un arma de doble filo, porque según la postura que tengan dentro del Valle de las sombras de la muerte, les funcionará para bien o para mal, por eso tienen que aprovechar, a través del esfuerzo, poder vencer todo lo negativo que quiere mal influenciarlos dentro del Valle y en cambio con la valentía, asumir la responsabilidad y llenarse de coraje para poder decir:

Joel 3:10
«Diga el débil, fuerte soy»,

Es el momento donde no habrá pastor, donde no hay hermanos o profetas que oren por ustedes, o te llamen para darte una palabra de aliento, donde no habrá consejero, donde tú mismo, tienes que hablarte a ti mismo y declarar una palabra de victoria sobre tu vida diciendo:

Filipenses 4:13
«Todo lo puedo en Cristo
que me fortalece»,

Porque en ese preciso momento, cuando eres confrontado por la soledad, empieza la confusión de los instintos, no podrás llegar al árbol tan fácil, no alcanzarás la primera pieza de tu armadura, hasta que no venzas el miedo totalmente en tu vida, no es el miedo del castillo, es el miedo de Pajadey Nefesh, es decir, el miedo del alma, un miedo que se manifiesta sin darte un motivo en especial para sentirlo, este es el miedo de todos los miedos, es muy diferente al miedo del castillo, es el que te confronta cuando vas a subir de dimensión, cuando eres llamado por lo sobrenatural de Dios.

Mis queridos lectores, el conocimiento del árbol es la conciencia que se conoce como **Daat** que significa en hebreo **Conocimiento superior,** esto también es la conciencia que unifica todas nuestras partes, tanto interior como superior, si lo dividimos en partes, DA viene de la palabra hebrea Dalet que significa puerta y AT viene del mismo alfabeto, que también quiere decir **ALEF y TAV,** que significa **sin principio y sin final**, esta se revela como la palabra **Olam**, que quiere decir eternidad. Como ya dijimos antes, este es el primer nivel de Emunah, el cual está representado por un círculo cerrado, donde Satanás no puede entrar a destruir lo que en la eternidad Dios gestó o diseñó para tu vida.

Cuando las personas no han desarrollado esta conciencia, pierden la oportunidad de ser elevados a la Emunah superior, entonces están condenados a vivir vagando en los mundos bajos, hay otras conciencias que llamaremos:

«Conciencia Moral»

Esta es la que se encarga de dividirnos del mundo de arriba, los que viven en esta dimensión son esclavos de las dimensiones del mal, que en hebreo se llama **Sitra Hará (Inclinación al Mal).**

Estas son las clases de personas que viven conectadas a un ambiente maligno, alimentados por las energías oscuras que emanan del valle de las sombras de la muerte, y en esta dimensión la gente experimenta una sensación de esclavitud mental, porque no pueden maximizar en su exterior, lo que el padre puso como sustancia en su interior.

También, cuando una persona está bajo la influencia del Sitra Hará, es una persona que presenta bloqueos y la luz está desviada en su interior, quiere decir que no tiene el enfoque correcto y al no tener este enfoque, no puede tener la visión para abrir todas las dimensiones de su entendimiento espiritual y así también, conocer el propósito en su vida, por esta causa, existen muchas personas que hoy en día están vagando y perdidos en el valle de la muerte, porque tienen miedo a morir a tantas cosas, que en su vida las apartan de conocer su propósito divino.

...Mientras la Joven continuaba su viaje dentro de valle de las sombras de la muerte luego de haber gritado con fuerza y viendo que no tenía repuestas, recordó las palabras de Hayá (Jayá)

Aquellas palabras que él había sembrado en lo más profundo de su ser y de su interior, pues él le había dicho, que aunque no me veas, sigue avanzando, aunque no me sientas no detengas la marcha,

mantente firme y continúa
persiguiendo tu propósito,
que nada te impida lograr la misión
para la cual fuiste creada,
estas palabras fueron como
combustiblen para su espíritu y
esto la motivaba a avanzar más y
más por cada minuto que pasaba,
iba ganando territorio dentro del
Valle de las sombras de la muerte,
y de repente, estando bien
adentro del bosque le llegaban
pensamientos y estos la
confrontaban con su pasado
y le decían:

— ¡Eras una ciega, duraste años
encerrrada en un palacio,
eras una esclava!

¿Y ahora crees qué puedes
atravesar este valle?

Estos pensamientos llegaron como los
dardos que lanzaron contra Ella las
otras entidades, que acompañaban al
guardián de las sombras en este
bosque tenebroso, pero Ella decía:

-"Nadie va a impedir que atraviese el valle de la sombra de muerte, esta es mi misión, para esto fue creado mi diseño interior, no acepto derrotas dentro de este valle, pondré de mi parte y lo daré todo hasta que cruce por completo este valle, debo enfrentar lo que venga, no me detendré, pues fui hecha para pelear esta batalla y ganar esta guerra".

La gallardía y el coraje en forma de dos remolinos, abrazaron el cuerpo de la Joven y la empujaban a caminar en medio del miedo, realmente estaba decidida a cruzarlo, estaba convencida de que aquel valle no sería su sepulcro, sabía que viviría para ver con sus ojos, las palabras que Dios había dicho con su boca, es decir, el cumplimiento de sus promesas en su vida.

Capítulo 3

Cuando el pasado te ancla para que no avances en el presente

En un momento, durante la batalla dentro del bosque, Ella se sintió confrontada, a pesar que estaba subiendo de nivel en su espíritu, los pensamientos de su pasado venían a confrontarla, esto es porque en el proceso de su ascensión, tenía quesanar por completo las heridas de todo lo que había vivido en la oscuridad del castillo, ya que lo que vivió en su pasado, no eran heridas del cuerpo, si no, que eran heridas del alma, pero cuando tienes la luz de la conciencia superior encendida, entiendes que mientras vas subiendo de nivel, a la misma vez te vas sanando de tu pasado, esta es una señal inequívoca, por eso, si te sientes estancado, es porque hay áreas en tu interior que necesitan ser sanadas para que puedas atravesar el Valle de las sombras de la muerte.

La Joven se sentía confrontada por las malas experiencias vividas.

Estas cosas suelen pasar mis queridos lectores, a veces por nuestras malas experiencias, pensamos que no tenemos las cualidades para avanzar hacia el siguiente nivel para llegar al árbol, para obtener la primera pieza de nuestra armadura, no podemos detenernos cuando las voces del pasado quieran detener nuestro presente, tenemos que sacar la fuerza, hay que aferrarnos a la palabra que llevamos en nuestra conciencia superior, tenemos que llevar la lámpara de la promesa encendida y continuar avanzando.

La Joven avanzaba en su viaje,
con las voces en contra,
estas voces que sonaban en
lo más profundo de su interior,
pero con todo esto, nunca se detuvo,
seguía avanzando, entendiendo
que su pasado oscuro no era
un rival para detener su viaje hacia
el siguiente nivel de luz en su vida,
con las entidades en su contra,

(recuerda que las entidades
podrán hablarte, pero no podrán
obligarte a hacer nada, si tú no le abres
tu voluntad a ellas).

El miedo es un gigante,
es un guerrero que parece
difícil de vencer, pero cuando estás
convencido y aceptas la
responsabilidad de tu llamado,
hasta el mismo miedo puedes
vencer, hay que quitar el miedo para
que avances a tomar la armadura que
Dios tiene para ti.

La Joven continuó su viaje,
en un momento de descanso,
decidió hacer silencio…

Entonces la voz de Hayá (Jayá)
le habló en su conciencia diciendo:

— Te he dicho que,
aunque no me veas
estoy aquí contigo,
interpreta mi silencio.

Ella se quedó pensando
y dijo dentro de sí:

-¿Cómo voy a interpretar un silencio
que aparentemente no tiene
significado?

Hayá (Jayá) volvió y le dijo:

-¡Interpreta mi silencio!

Cuando Ella entendió, lo que le
hablaba Hayá (Jayá), se dio cuenta
que todo se trataba de una guerra
mental, si mi querido lector, todo es
una guerra en tu interior, pero lo más
importante que puede hacer es
aprovechar el silencio, ya que este es
un filtro que nos enseña
a discernir, entre los pensamientos de
la luz y lo que vienen de las
tinieblas y el Sitra Hará.

Cuando puedas encontrar esa
conexión dentro de tí,
te darás cuenta de algo y dirás:

—A este gigante llamado miedo,
ya sé cómo vencerlo,
lo voy a enfrentar.

Ella dijo:

— "¡Miedo voy a enfrentarte,
voy hacia delante, voy a avanzar,
si es de morir que muera, no voy a
retroceder, voy a cumplir mi
propósito; voy a atravesar
este valle, llegaré hasta el árbol
y conoceré al anciano!"

En ese momento sonó un trueno
muy fuerte dentro de la oscuridad
por la confesión de sus palabras,
la Joven había activado un arma de
guerra celestial y mientras este
trueno sonaba, las últimas fuerzas
que le quedaban al gigante
del miedo se quebraron.

Se escuchaban otras voces en la
oscuridad, como cuando alguien grita
herido de muerte.

Las otras voces que se escucharon
eran de los secuaces que luchaban
junto al gigante, esto creó que un
ambiente de paz entrara en Ella,
e hizo que sintiera una fuerza
sobrenatural que la envolvía
mientras avanzaba dentro del valle,
cuando el gigante del valle
agonizaba en la oscuridad,
Ella intentó ir hasta el lugar donde
se encontraba el pero,
una voz en su interior le dijo:
-"No pierdas el enfoque
y sigue caminando"

Fue allí cuando en el valle de la
sombras, una gran brisa comenzó
a soplar, mientras esto sucedía,
su cabello se soltó y se movía al igual
que su vestido, el viento parecía que
estaba en contra, pero no era así, éste
le estaba dando una señal y era
la de su victoria.

Va a llover, la sombra ya estaba
garantizada, entonces se dio cuenta
que sus palabras habían traído una

ruptura en el mundo de los espíritus,
cuando avanzó más hacia delante,
vio una pequeña luz flotando en la
oscuridad y decidió avanzar hacia
esta luz, cuando llegó a Ella,
se percató que estaba suspendida
y dijo:

"No entiendo, la brisa mueve mi pelo,
mueve mi vestido, pero no puede
mover esta chispa de luz,
a pesar de que el viento se
mueve muy fuerte"

Cuando Ella decidió tocar la chispa
de luz con sus manos,
desde adentro de la
chispa salió una voz y le dijo:

—El miedo solo tiene poder en ti
cuando tu misma se lo permites,
de lo contrario, mientras tu no le des
el espacio en tu interior, mientras no
le des autoridad en ti, el miedo no
podrá detenerte, la chispa flotante
se le adelantó y continuó adelante
de Ella en el viaje.

Ya saliendo del valle, los vientos
menguaron, la calma reinó en el valle
de las sombras, la chispa seguía
flotando como una lámpara,
dando vueltas sobre Ella,
pero Ella avanzaba más y más,
cuando logró salir del valle,
aún quedaba un poco de oscuridad,
en ese momento la chispa
se detuvo y empezó a crecer,
hasta que se hizo grande,
tan grande que alumbró todo
el valle, ahora ya no era más
el Valle de las sombras,
si no que ahora era el
valle de la luz, las tinieblas
ya no reinaban en aquel lugar,
porque la Joven con su valentía
implantó un nuevo reino en aquel
lugar, la Joven quedó maravillada,
porque la chispa de luz se había
hecho muy grande y para su
sorpresa, del centro de esa
luz salió Hayá (Jayá) y le dijo:

—"Te dije que no te dejaría sola,
que siempre estaría contigo,

has atravesado tu propio valle de la sombra de la muerte, ¡has resistido y has matado al miedo, has resistido y has matado al ego, has resistido a las primeras condiciones, que impiden que un ser natural viva en lo sobrenatural!"

Cuando la Joven alzó su vista, se dio cuenta que estaba a unos cuantos metros de aquel árbol gigantesco que vio al principio y ahora este no les permitía ver la luz, porque era tan enorme que la sombra de aquel gran árbol cubría toda la claridad, Ella le pregunta a Hayá (Jayá):

-¿Cómo avanzaremos si la sombra del árbol es muy grande?

Entonces Hayá (Jayá) le dijo:

—Ten paz, estas son las sombras dela intimidad, las que te permiten matar la esterilidad en tu interior, la activación de tu vientre profético para llegar al árbol, por eso te digo que

lo único que necesitas
comprender en este momento,
es el nombre de esta dimensión,
la cual se llama:

"Lenguaje de las Sombras".

Capítulo 4

El Lenguaje de las Sombras, Sombras de Vida

Salmos 91,1:
«…Tú que habitas a la
sombra de Elyon, pasas tus
noches a la sombra del Shaday…»

Este texto ha sido tomado de la
versión bíblica hebrea Torah
español, con el fin de profundizar
más en este tema y poder viajar
a los niveles de consciencia.

Sod
(misterios, profundidades).

Este salmo está identificado con un
hombre, del cual Dios dijo:

«Te constituyó Dios»

Este fue al profeta al Moisés,
de modo que estamoshablando de
alguien que conoció a profundidad
el lenguaje de las sombras,
este lenguaje se manifiesta en
diferentes dimensiones y
de infinitas maneras.

¿Cuáles son las diferentes dimensiones?

1. Sombras de vidas.
2. Sombras de la muerte.
3. Sombra de intimidación.
4. Sombra de la ignorancia.
5. Sombra de guerra a nuestro favor.

Para mí, como escritor, es un desafío muy grande tratar de llevarles luz a ustedes mis amados lectores, en palabras comprensibles.

Pero trataré de ser lo más explícito, en esta ocasión, las sombras de vida tienen su origen en tu propio principio, sí mis amados, son sus propios principios donde estaban ausentes de su propia consciencia divina.

Esto fue en el momento de su concepción, cuando su padre los engendró, me refiero al momento en que la célula germinal de su padre, que es el esperma, fecundó la célula germinal de su madre, que es el ovulo femenino, en este momento su alma atravesó la eternidad y vino al mundo de la materia, en aquel momento sagrado, cuando salieron de los lomos de su padre nunca vierón la luz de este mundo, porque como los embriónes que eran, no tenían los ojos para ver nada, desde su llegada a este mundo, las sombras han estado sobre ustedes mis amados, cubriéndolos y guardándolos, todo esto es por lo que dice el salmo ya antes leído.

Salmos 91:1
<<El que habita al abrigo del altísimo morara bajo la sombra del Shaday>>.

Desde ese momento sagrado las sombras de vida estuvieron con ustedes, cuidándolos a causa del propósito divino del Shaday (todo poderoso).

Salmos 91:1
«…Tú que habitas a la sombra de Elyon, pasas tus noches a la sombra del Shaday,
Que dices a Hashem:
-¡Mi refugio, Mi fortaleza,
¡mi Elokim en quien confío!»

Aquí el nombre **ELYON** es uno de los nombres que el creador le revela a Moisés cuando este le pregunta:

-¿Cuál es tu nombre?

Y Dios le respondió con estos tres verbos, en hebreo:

Ehyeh, Asher, Ehyeh

Estos no son un nombre, son tres estados de conciencia de la manifestación de la sombra de la vida, es la unión del nombre Elohim Haim (Dios de vida), estos tres verbos revelan (Yo soy el que era, el que soy y el que seré).

Estos tres verbos revelan la fuente
de la vida de toda la existencia,
es la fuerza vital que sostiene la
creación por medio de la palabra
de Dios.

Es por esto que en el salmo 91,
el Señor se revela con dos nombres
para referirse a la sombra,
porque aquí está hablando
de vida, que son:

ELYON y SHADAAY,

Estos nombres están asociados a la
vida, es por eso, por lo que veremos a
la Joven descubrir los misterios
que ocultan estos nombres para
manifestar a Dios.

...En un momento la Joven comenzó
a sentir un olor muy fuerte,
que junto con la suave brisa
llegaba hacia Ella, este era un olor
dulce agradable a su olfato,
estaba anonadada y sorprendida,
pues el olor llegó de repente en todas

las direcciones, Ella en medio de esta emoción, le hizo una pregunta a Hayá (Jayá):

-¿De dónde proviene la fuente de este delicioso olor?

Él le respondió:

-"Este es el manto del anciano del bosque, la abundancia de sabiduría, ésta dulce fragancia, una vez entras bajo sus sombras, se puede sentir el olor de su manto."
Ella dijo:

-"Que misterioso es esto",

Hayá (Jayá) le dijo:

-"Cuando entras a las sombras de la vida, no puedes ver, pero puedes percibir oler y sentir en todo tu ser lo agradable de su atmosfera.

Capítulo 5

Sombra de muerte

Salmo 23,4
«...Aunque ande en valle de sombra de muerte, no temeré mal alguno, porque tú estarás conmigo; Tu vara y tu cayado me infundirán aliento...»

Todos los que somos llamados por Dios, para caminar los estados profundos del alma, podemos despertar el olfato espiritual, esto fue lo que se le activó a la Joven, por obtener la victoria en el valle de la sombra, la evidencia de esa victoria es la apertura de su olfato espiritual.

¿Para qué sirve el olfato espiritual?

Este olfato te da la capacidad de percibir lo bueno y lo malo, se podríadecir que este olfato es una herramienta de tu espíritu, que te enseña cual es la condición en la que se encuentra tu ambiente. Esto es para encontrar y

manifestar el propósito de Dios,
por alcanzar esta dimensión,
vamos a tener la sensación
de una constante persecución,
que se manifiesta en el proceso
de avance, en este nivel
espiritual contrario llamado,
Sombra de la muerte.

Me imagino que a estas alturas
se preguntan:

¿Cómo hablan las sombras?

1. No es lenguaje de palabras.
2. No es lenguaje que tiene voz.
3. No es algo que puedas
entender por ti mismo.

Este lenguaje puede que este
sonando en tu alma y quizá no
tengas la forma de escucharlo,
hasta que no atravesamos el
valle de las sombras de la muerte,
no podemos vivir en este nivel,
donde las sombras tienen
su propio lenguaje.

Las sombras de la muerte
buscan la forma de sustituir
la sombra de vida que Dios ha
puesto en nosotros para vencer
la sombra de la muerte, existe
una confrontación interna en el
creyente a nivel de mente,
pensamiento y consciencia es
aquí donde surge un conflicto
entre la conciencia moral,
la lógica y la analítica,
frente a la espiritual
y la superior.

En este nivel se activa un
proceso lamado en hebreo

Dabar Tzebaoth
(la guerra de la palabra)

Cuando se activa, inmediatamente
somos protegidos por la sombra
de la vida y sacados del castillo
de la oscuridad de nuestra mente,
como la Joven de esta historia,
de esta misma manera le pasó a
David, José, Abram y a todo el
que recibe la palabra.

Capítulo 6

Sombra de Intimidación

La Joven entendió que había subido de nivel espiritual por las palabras que le dijo Hayá (Jayá), Ella sabía que algo cambió dentro de su ser, por eso ahora estaba entendiendo cosas, que antes no había entendido mientras estaba presa en el castillo.

Ellos siguieron avanzando de repente detectaron un olor extraño en la atmósfera, este olor era muy diferente, al olor agradable que Ella percibía antes, mientras este olor raro iba aumentando, Ella miró a Hayá (Jayá), entonces este la miró fijamente a los ojos y le dijo:

—Este olor que percibesse llama

<<La sombra de la intimidación>>

Ella le dijo:
—Y, ¿cómo pueden esas sombras estar tan cerca del anciano?

Hayá (Jayá) respondio:

—No hay fronteras entre el bien y el mal, estos seres pueden estar en la misma atmosfera, los tránsitos de los espíritus son los mismos, tanto para los seres de luz, como para los seres de las tinieblas, pero en este nivel, túeres quien decide hacia donde avanzar…

En el jardín del edén, hay un árbol como este, que tiene luz y tinieblas, o sea, el arbol del bien y del mal, pero este árbol nunca alteró el jardín, sin embargo, quienes alteraron el jardín fueron los que comieron del árbol de las tinieblas…

Él seguía diciéndole:

-"Las sombras de la intimidación querrán poner miedo en tu caminar, para que no sigas marchando hacia el tronco del árbol, con el fin de que no tengas tu encuentro con el anciano que te está esperando".

Solo te digo, que continúes
moviéndote hacia adelante,
persevera, no dejes que el miedo
te limite y sigue caminando.

La Joven aceleró sus pasos,

Ella buscaba volver a conectarse
con el primer olor que percibió al
principio, de repente en un momento,
volvió a sentir aquel olor fresco y
grato otra vez en su nariz,
no obstante a esto también
sentía la presión del ambiente,
pero también sentía paz en
su espíritu para seguir avanzando.

Para continuar ampliando este punto
veremos dos textos del hebreo y
de la Biblia reina Valera.

Salmo 18,4
«...Porque las punzadas de la muerte
me rodean, torrentes de Velillas
[perversidad] me aterrorizan
extremadamente, las punzadas del

Sheol estaban envolviéndome, las trampas de la muerte estaban delante de mí...»

Este es el texto hebreo, donde lo podemos ver de una manera más amplia, que en el siguiente texto:

Salmo 18,4
«...Me rodearon ligaduras de muerte, Y torrentes de perversidad me atemorizaron. Ligadurasdel Seol me rodearon, Me tendieron lazos de muerte...»

La sombra de la muerte tiene la capacidad de mutar y convertirse primero en sombrade intimidación, es aquí cuando el enemigo busca influenciar a través del miedo en el alma que está abortando el viaje hacia los estados profundos del ser del hombre,

David fue rodeado por estas fuerzas hostiles de la oscuridad en el valle de las sombras de muerte,

pero pudo salir con vida, porque
se llenó de valor para vencer,
porque entendió este lenguaje.

Esto significa que, para vencer
en este valle, se necesita
comprender a plenitud el lenguaje
de las sombras, para poder ascender
a estos niveles de entendimiento,
se hace muy necesario entender
bien este lenguaje para poder
navegar con fluidez por
el entendimiento divino.

Capítulo 7

La Sombra de la Ignorancia

Dentro de la densa oscuridad,
está la sombra de la ignorancia.

Esta es la parte más oscura,
es como un velo que puede nublar
todas las esferas de nuestro
entendimiento.

Así como la vida entró por el soplo
de Dios, también por el pecado,
entró en el hombre la sombra
de la ignorancia, quiero que veamos
estas dos citas bíblicas:

Job 16,16 Y Job 38,17

*«...Mi rostro está enrojecido por el
llanto, y cubren mis párpados
densa oscuridad...»*

¿Te han sido reveladas las puertas
de la muerte, o has visto las puertas
de la densa oscuridad?

En esta expresión bíblica tenemos dos
verdades, una confesión hecha por Job
y una pregunta hecha por Dios. Vale la

pena resaltar que, cada vez que confesamos nuestro estado existencial ante Dios esto nos traerá una confrontación cuya intención es alinearnos al propósito divino, por esta causa vemos que en estos dos versos bíblicos queda claramente demostrada esta verdad, por esta razón, al contemplar la expresión de este hombre, nos damos cuenta qué estaba siendo procesado y en sus propias palabras dijo claramente:

Job 16
<<...mi rostro está enrojecido por el llanto, y cubren mis parpados densa oscuridad;...>>

Esto habla claramente, que en medio del ascenso espiritual, estamos prestos a ser perseguidos por sombras que querrán interferir en nuestro camino hacia los estados profundos del alma, densas sombras de oscuridad en sus párpados, o sea, en el rostro existe una nube negra, una

cortina oscura que quiere nublar
la visión para impedir tu avance.

«… El corazón de la Joven comenzó a
latir aceleradamente, de modo que,
en su espíritu, comenzó a percibir que
ya estaba muy cerca del tronco del
árbol, de repente un silencio
sepulcral reinó en todo el ambiente.

Aquel olor fétido que venía
persiguiéndola, se alejó lentamente,
aquel espíritu inmundo de la
intimidación, que portaba aquel
hedor, entendió que no podía
distraer a la Joven, ya que Ella
estaba decidida a llegar al tronco
del árbol y a cumplir su meta.

Fue ahí, cuando sonó un
estruendo con vientos, truenos y
relámpagos, el lugar se iluminó con
todos aquellos fenómenos que
sucedían alrededor de Ella,
la Joven bajó su rostro, porque
aquel ruido le provocó temor, fue ahí,

cuando en medio de todo aquel ruido
se escuchó una voz dulce, una voz
amigable que transmitía
paz diciendo:

-"No tengas miedo, hace tiempo
te estaba esperando"

Ella le preguntó:

—¿Y tú quién eres?

Y la voz le respondió:

"—Yo soy el anciano del árbol,
soy el espíritu que guio a los
profetas, soy la conciencia de los
hombres que han vivido en lo
sobrenatural ...De aquellos que han
muerto a sus deseos, a sus pasiones,
de aquellos que han sepultado sus egos
y que lo han dejado todo, por vivir una
vida en el señor Jesús...

Yo soy quien los ha guiado…"

La Joven seguía con su cabeza cabizbaja, con temor y temblor, pero la voz le dijo:

—"Levanta tu rostro, alza tus ojos, eres bienvenida a esta dimensión"

En cuanto Ella alzó los ojos y miró todo lo que estaba apreciando y contemplando, hacía que se sintiera como la persona más pura del mundo, pues en ese estado de consciencia, la luz de la presencia del manto del anciano envolvía todo, mientras seguía mirando, observó que el árbol entero, comenzó a iluminarse al compás de las palabras de aquel anciano, como si el árbol y el anciano estuviesen conectados.

Imaginen ustedes mis queridos lectores, que mientras el anciano hablaba, el gigantesco árbol comenzaba a iluminarse y junto con la luz del árbol, las tinieblas iban disipandose por doquier, pues la voz de aquel anciano provocaba luz en la

creación, provocaba libertad,
provocaba expansión de
la conciencia.

Cuando la Joven quiso ver el rostro
del anciano, se sorprendió,
pues Ella esperaba encontrarse
con un personaje muy adulto,
se lo imaginaba con barba, lleno de
canas, pero para su sorpresa lo que
vio la dejó pasmada y perpleja, ya que
aquel supuesto anciano, tenía la cara
de un niño, si, un niño tierno,
como de 12 años de edad.

Ella miró hacia donde estaba Hayá (Jayá) y le dijo:

— ¿Este es el anciano?

Hayá (Jayá) le respondió:
—Sí, ese es el anciano.

Y le preguntó Hayá (Jayá) a la Joven:

—¿Por qué te sorprendes?

La Joven dijo:

— Por su apariencia, él no parece un anciano, estoy confundida.

Hayá (Jayá) le respondió:

—"En este nivel las edades no existen, porque la eternidad no razona con los códigos del tiempo, no se vive por las apariencias cronos o tiempo de los humanos, aqui se vive por el estado de consciencia, por el nivel de luz alcanzado, porque aquellos que logran caminar en el sendero de la sabiduría son dignos de ser llamados ancianos, el que pueda alcanzar este escalón, se convierte en un anciano, en un consejero, con la capacidad de guiar a todos los guerreros de lograr encontrar la razón de su venida a la dimensión de la existencia, el estatus de anciano, solo se le otorga a aquellos que han podido alcanzar una elevación de consciencia más allá del umbral de los sentidos y un estado superior de santidad, a aquellos que han extendido su vasija para convertirse en el recipiente de la gloria del padre de todos los espíritus."

Veamos esta cita bíblica, en *el libro de Job 16,16 dice:*

«…Mi rostro está enrojecido por el llanto, y cubren mis párpados densa oscuridad…»

Como podemos ver los ojos son la ventana del alma, cuando el alma está llena de oscuridad la sombra de ignorancia reina.

Cómo podemos ver, en este verso bíblico del libro de Job, encontramos a un hombre, el cual está pasando por una condición de gran aflicción.

Alguien que deja notar claramente, que las sombras tienen el poder de confundir los sentidos, que pueden distorsionar la manera en la que vemos la realidad, también está revelando una condición interna en su alma, porque el cuerpo manifiesta en su exterior, las cosas que interiormente le están agobiando, por esto, vale la pena resaltar que toda aflicción, todo lo que estemos pasando en nuestras vidas, puede que sea una condición interior que esté creando ciertos bloqueos en nuestra atmósfera exterior, esto lo digo por lo que decía el verso bíblico:

"Job 16:16
"Cubren mis párpados
densa oscuridad"

No está hablando directamente de la umbra o la penumbra que se manifiestan cuando la luz del Sol se ausenta, a lo que Job se está refiriendo, es a una manifestación sobrenatural de las fuerzas demoníacas que se alimentan de las aflicciones del ser humano, las aflicciones que llevan a nuestro ser, a un estado de cauterización y bloqueo mental que es difícil sobrellevarlo cuando uno no ha despertado en su conciencia superior, para poder lidiar con la presión que crean estas tinieblas en nuestras vidas, por los sentidos, la lógica o la razón se convierten en nuestros propios enemigos, dándonos a entender qué nuestra condición de aflicción, tiene como único fin el destruirnos.

Esta determinación que toman nuestros sentidos, lo hace de manera automática, porque los sentidos siempre buscarán un culpable para poder justificar el estado de aflicción del alma, este es el peligro de vivir sin la conciencia superior activada, la cual puede capacitarte para quebrantar la atmósfera de aflicción y darte una postura en medio de tu condición existencial, esta postura es la que definirá si te mueres en el proceso o sales victorioso de él, y se preguntarán:

¿Cómo puedo conseguir esta postura en medio de una situación que me atormenta día tras día?

En el capítulo cuatro del libro de los salmos en el verso 1 está la respuesta, este dice:

Salmos 4:1-8
<<...Respóndeme cuando a ti clamo, oh, Dios de mi justicia, cuando estaba en angustia, tú me hiciste ensanchar, ten misericordia de mí y oye mi oración...>>

En este salmo queda claramente expresado, que en medio de las angustias hay una atmósfera sobrenatural que puede hacer que tú seas ensanchado, bendecido, promovido a un nuevo nivel de consciencia, antes de que termine tu proceso de aflicción.

Esto produce en el creyente una consciencia alterna, para activar tu espíritu. Cuando comprendes tu proceso con sabiduría, y no con inmadurez, te das cuenta, que todo lo que te está pasando tiene un objetivo en tu vida, es así como Dios desarrolla el carácter de tu espíritu, esto se logra cuando en medio de la aflicción, tu consciencia superior está despierta, digo esto porque en la mayoría de los casos encontramos que los sentidos usan el dolor, la aflicción, la ansiedad y la depresión.

Los movimientos contrarios a la estructura del mundo superior tienen como fin dormir nuestra conciencia superior, haciendo que todo lo que nos suceda, lo analicemos desde la plataforma emocional del alma, tratando de impedir que nuestro espíritu entre a la atmósfera donde Dios, en medio del dolor y de la presión nos ensanche.

El anciano le dijo a la Joven:

—"Acércate quiero decirte algo,
el viaje que has emprendido,
es un viaje para valientes,
este viaje cambiará para
siempre el rumbo de tu historia."

La Joven temblaba por la electricidad que sentía mientras el anciano le hablaba, y se decía a sí misma:

—"Esta sensación, esto que estoy sintiendo, nunca antes la habia sentirlo mientras vivía presa en el castillo de la oscuridad, pero siento que con cada palabra que el anciano habla, mi espíritu se estremece en mi ser y pide más, es como si las palabras del anciano alimentarán mis fuerzas, como si me llenaran de un fuego que provoca un enorme deseo de conocer más y más. mí ser espiritual ruge como si fuera una Leona de guerra".

El anciano pudo discernir los pensamientos de la Joven y le dijo:

— Todo lo que estaba pensando en su interior, este le dijo todo lo que la Joven pensaba, Ella sorprendida miró hacia dónde estaba Hayá (Jayá) queriendo decirle algo, pero él volteó hacia otro lado, Hayá (Jayá) no quería distraerla, el anciano le dijo:

—"Estás aquí para despertar la guerrera que llevas dentro, a la mujer que tiene el diseño original, la mujer que representa en la tierra de los vivientes.

-Tienes que saber que tú eres un misterio de Dios en este mundo, el fuego que sientes en tu interior es tu sangre espiritual, es el poder y la gloria del Dios viviente.

-Tu sangre espiritual está corriendo por tu espíritu como si fuera un río de lava, te esperan grandes desafíos, pero también te esperan grandes victorias,

¡No te rindas!, porque la armadura que necesitas, la vas a conseguir, yo te voy a proveer de algunas herramientas,para que vayas por Ella."

El anciano continuó diciendo:

—Tienes que atravesar el pantano de la tristeza, enviaré un amigo para que te acompañe, se llama

<<LA GRAN FORTALEZA>>

Cuando atravieses el Valle de la tristeza, vas a encontrar una pieza más de tu armadura, la Joven seguía temblando por todo el poder que manaba de las palabras del anciano, este también le dijo:

—Tienes que ser ungida antes de ir a desarrollar este viaje, éste levantó un cuerno del que brotaba aceite y le dijo:

— Acércate a mi presencia

La Joven avanzó hacia donde estaba el anciano inclinando su cabeza ante él, entonces él anciano virtió sobre Ella el aceite que brotaba de aquel cuerno y le dijo:

—"Este es el aceite de la **CONFIANZA,** esta es la unción que necesitarás para atravesar el pantano de la tristeza"

Mientras el anciano derramaba aquel aceite, este se veía salir del cuerno como un líquido de color azul muy brillante y dentro del líquido habían diminutas escarchas plateadas resplandecíentes como con luz propia, algo realmente sobrenatural este aceite también tenía un olor tan delicioso y agradable que la Joven al respirarlo decía dentro de sí misma:

— "Este es el olor de la confianza,
esto huele a poder,
esto huele a gloria."

El anciano le volvió a decir:

— Esta es la unción de la confianza,
hoy la deposito sobre ti."

Mientras el aceite fluía sobre Ella y se adentraba en su piel, este se integraba en su ser para formar parte de Ella, entonces la cubrio por completo el olor del aceite, porque éste ya no estaba fuera de Ella, ahora hacia parte de Ella, ahora estaba dentro de su espíritu.

El anciano le dijo:

—Cuando necesites que el poder de
esta uncion fluya de tu ser,
solo tienes que usar la llave
de la adoración.

Mis amados hermanos,
es tan hermoso y sobrenatural
entender que cuando nosotros
estamos en aprietos, es cuando más
necesitamos que se active la
unción de la confianza.

Por eso es que la Biblia nos manda
que adoremos al Señor
en todo tiempo,

Salmos 34:1
"Bendeciré a Jehová en todo
tiempo; Su alabanza estará de
continuo en mi boca."

El anciano tomó otro cuerno dorado,
y le dijo a la Joven y a Hayá (Jayá):

— Es hora de que emprendan
su viaje hacia el pantano
de la tristeza."

Ella pensó que ese cuerno dorado contenía más aceite, pero no era así, este cuerno dorado era un shofar, con el cual el anciano iba a llamar al personaje que enviaría con la Joven, para acompañarlos a cruzar el pantano de la tristeza.

Cuando el anciano tocó aquel cuerno dorado, hubo silencio en el bosque, pero de repente se escuchan unos pasos agigantados y las aves de aquel bosque comenzaron a salir volando despavoridas, como si algo las asustara, Ella le preguntó al anciano:

—¿Qué es eso, de quién son esos pasos?

El anciano le dijo:

— "Ten paz, ese es mi amigo, quién te acompañará en este viaje, pues aún no estás plenamente capacitada para atravesar sola el pantano de tristeza".

Mientras el anciano le decía esto a la Joven, de entre los arbustos se veía un movimiento gigantesco, cuando de repente salió de entre los árboles un enorme Elefante muy hermoso que brillaba junto con la luz que provenia del árbol, y Ella dijo:

—¿Y este gran Elefante?
El anciano le respondió:

— No es un Elefante común y corriente, su verdadero nombre es **<<LA GRAN FORTALEZA>>,** él te ayudará a cruzar el pantano de la tristeza".

El Elefante se acercó y el anciano
le tocó la cara, como si hablaran
entre sí, el Elefante se postró y
el anciano le dijo a la Joven:

—"Monta sobre La Gran Fortaleza
el Elefante, el conoce el camino,
él te va a guiar".

La Joven, llena de confianza montó
sobre los lomos de aquel Elefante y
éste, desde que Ella se montó sobre él,
irguió sus patas y se puso en
posición de avance, en ese
momento la luz del sol comenzaba
a aparecer, el anciano los despidió
con una bendición especial y
les deseó feliz viaje.

Y así la Joven emprendió su camino,
detrás de su armadura, pero con la
diferencia ahora son tres los que
realizan este viaje:

La Joven, el Elefante y Hayá (Jayá).
Un gran sabio dijo:

«Lo que yo sé,es una gota de agua
de ese océano que ignoro»

Imagínense ustedes mis amados
lectores, desde tiempos muy
antiguos, ha quedado registrado en
la historia, que los sabios han venido
luchando una ardua batalla contra la
oscuridad de la ignorancia,
ahora usted, que tiene este libro en
sus manos, puede imaginarse
la guerra que han ocasionado
las sombras de la ignorancia,
con el único fin de impedir
que usted reciba este libro y
alcance su madurez espiritual.

Por esto, a todo lo que Job se
refiere en este texto, es al peligro
de vivir bajo las influencias de las
sombras de la ignorancia,
también en el libro de:

Mateo 6, 22
*La lámpara del cuerpo es el ojo;
así que, si tu ojo es bueno,
todo tu cuerpo estará lleno de luz;*

pero si tu ojo es maligno,
todo tu cuerpo estará en tinieblas.
Así que, si la luz que en ti hay es
tinieblas, ¿cuántas no serán las
mismas tinieblas?

A esto Jesús lo llama:

Ayin Hará (OJO MALO)

Esta es la fuente, que con sus
tentáculos invisibles ha perseguido a
través de los tiempos a los guerreros
que han venido a traer la luz a todos
aquellos, que han emprendido el
camino de la sabiduría, estos
tentáculos tienen la capacidad de
desconectar el alma de la luz y
de los estados profundos de
sabiduría, a esto se le puede sumar
también estas tinieblas, que logran
afectar el desarrollo y el aprendizaje del
creyente, también pueden aislarte de la
fuente del conocimiento en la santidad
de Dios, para darles acceso a las
tinieblas a los niveles profundos
en el alma.

No existe un peligro más grande que el de permitir, que quien te guía, esté bajo la influencia del Ayin Hará, estos son los ojos de las tinieblas.

Les voy a hacer una pregunta:

¿Han hablado ustedes con personas que siempre son negativas y para ellos todo está mal?

Bueno esto es una alerta del Ayin hará;

¿Conoce usted personas envidiosas, que a todo quieren ponerle falta y lo único bueno es lo que ellos hacen?

Esto es otra alerta de Ayin hará, un ejemplo de esto, fueron los hermanos de José en la historia bíblica, quién les contó una visión de luz, pero ellos, como estaban bajo el dominio de los tentáculos de las sombras, interpretaron aquella

visión en una atmosfera de tinieblas,
dudando a tal forma, que terminaron
vendiendo a su propio hermano,
por no tener el carácter y mismo nivel
de luz que éste tenía, esta es otra
señal que delata a todos los que
viven bajo la influencia de las
diferentes dimensiones
de las sombras.

El consejo que puedo otorgarles a
través de estas letras, es que sean
selectivos con las personas a
quienes les van a contar
sus visiones de luz.

Pues, cada persona que escuche
su visión, puede ser una vasija de
luz o una vasija de tinieblas.

Es decir, según sea la vasija,
así será su reacción al escuchar
su visión, también vale la pena
resaltar que ellos pueden influenciar
su visión de manera positiva o
negativa, por esta razón, es que les
digo que sean selectivos, es mejor

buscar o rodearse de personas que tengan su misma vibración espiritual.

Esta clase de personas, pueden ayudarlos a construir principios y a la misma vez sumarle a su visión, esto es para ellos como algo normal, porque están hablando un lenguaje de su misma dimensión. esto puede lograr que ellos alcancen lo máximo de la visión de luz, que llevan en su espíritu. Dios vio que Job en su proceso, estaba siendo influenciado negativamente por el AYIN HARA que es la fuente que alimenta de toda ignorancia.

Es por esto, por lo que Dios hacealgunas preguntas como las siguientes:

JOB 38, 1-4.
«¿Te han sido reveladas las puertas de la muerte, o has visto las puertas de la densa oscuridad?»

Estamos viendo claramente,
que Dios le está hablando a Job de las
diferentes dimensiones en la que
existen conexiones entre las tinieblas
y las sombras de la muerte,
es evidente cómo este solo verso,
está lleno de revelación y misterio,
el Señor le está preguntando a Job:

¿Se te han sido reveladas las
puertas de la muerte?,
¿Has visto las puertas de
la densa oscuridad?,

Es decir, mis amados, que donde
quiera que se habla de puertas,
automáticamente a su mente tiene
que llegar la imagen de las llaves,
si éstas llaves, que son las que
tienen la autoridad para abrir o
cerrar dichas puertas, como cuando
Jesús descendió al vientre del hades,
al respecto la Biblia dice claramente,
que ÉL le arrebató, le arrancó a satán
las llaves de la muerte;

Apocalipsis 1:18
"No temas; yo soy el primero y el último; y el que vivo, y estuve muerto; mas he aquí que vivo por los siglos de los siglos, amén. Y tengo las llaves de la muerte y del Hades"

Dando a entender que en la dimensión espiritual, en la que sucedió este hecho, Jesús estaba cancelando todas las operaciones demoníacas del ejército de la muerte y del ejército de las tinieblas, que venían a este mundo a través de estas puertas, tanto de la muerte, como la del Hades que son las mismas tinieblas.

Desde mi orilla de escritor, en lo personal puedo decirte, que cuando a mí se me reveló este gran misterio, me quedé perplejo, porque el panorama que se desató en mi espíritu, extendió los alcances de mi conocimiento y me hizo entender, que el mundo natural, solamente es el resultado de las cosas que se gestan en el mundo de los espíritus, esto me enseñó a no vivir gobernado por las emociones, si no, a vivir guiado por el Espíritu de Dios.

Podría terminar este libro ampliando el tema de

<<*Las puertas de la muerte y las puertas del Hades*>>

Pero dejaré esto muy claro en este punto, existe una guerra en el mundo de los espíritus, a la que yo he llamado:

<<La Guerra de las Puertas>>

Porque así mismo, como existen puertas para que la muerte y las tinieblas operen en este mundo, así mismo, existen puertas, a las que yo he llamado:

<<Portales para qué la luz trabaje en nosotros>>

El salmo 24 es la fuente más precisa, para lograr convencernos a nosotros mismos de esta realidad,

Salmos 24:7:
<<…Alzad, o puertas, vuestras cabezas, y alzaos vosotras, puertas eternas, y entrará el Rey de gloria…>>

Esta cita bíblica es clave para que podamos entender la existencia tangible de este fenómeno paranormal, que en el mundo espiritual yo le llamo:

<<La Guerra de las Puertas>>

Cuando el salmista dice:

<<…Alzaos vosotras puertas eternas…>>

Está hablando de la conexión
que tiene nuestro ser con el Rey de
gloria, si llegáramos a santificar
nuestra alma, pudiéramos conectar
con estas puertas, viviéramos la más
sorprendente experiencia de la
visitación de nuestro padre celestial,
ya que estas puertas están en
nuestro espíritu para hacerle guerra
a las puertas de la muerte y las
tinieblas, cada puerta representa
una dimensión de manifestación del
poder de nuestro Dios

En mi experiencia personal,
he llegado a descubrir que tenemos
en nuestro espíritu más de
12 puertas eternas, cada una de
estas puertas representan un nivel
de conexión, un nivel de luz,
un estado de consciencia, también
una aprehensión de los estados
profundos de nuestro propio ser.

Cuando éstas puertas están activas,
el espíritu de lo que es vidente activa
en el creyente la atmósfera de las

visiones espirituales, ahora el que es profeta, aumenta más su don de profecía, el que es adorador, adquiere la adoración con la ciencia del espíritu, en fin, a través de estas puertas se manifiestan las herramientas del reino de los cielos para hacerle frente a las tinieblas.

Le corresponde a ustedes mis amados lectores, juzgar en qué condición están sus puertas eternas.

Job 38-42
"Entonces respondió Jehová a Job desde un torbellino, y dijo: -¿Quién es ese que oscurece el consejo con palabras sin sabiduría? Ahora ciñe como varón tus lomos; Yo te preguntaré, y tú me contestarás.

¿Dónde estabas tú cuando yo fundaba la tierra? Házmelo saber, si tienes inteligencia...»

Hay momentos difíciles de nuestra vida, donde las sombras de la ignorancia nos quieren llevar a dudar de Dios, esto suele pasar, por las diferentes condiciones que podemos estar viviendo, pero el mejor consejo que puedo darles, es que puedan aprender, como lo hizo la Joven, a interpretar el silencio de su Hayá interior, es decir, la conciencia de luz, para que en nuestras almas brillen esta conexión, alumbrando los ojos de nuestro entendimiento y podamos alcanzar el nivel donde gravitan las respuestas a nuestras preguntas, entonces, estas repuestas fluirán de manera automática en nuestras almas, pero es necesario, que logren conectar con el silencio de Hayá o la conciencia superior, para vencer la duda y no activar el Ayin Hará es decir el ojo del mal.

Capítulo 8

Sombra de Guerra a Nuestro Favor

En el salmo 18, encontramos al rey David venciendo a sus enemigos en su mismo territorio, la sombra de la muerte, donde escribió lo siguiente:

Salmos 18:4-19
«...Me rodearon ligaduras de muerte, Y torrentes de perversidad me atemorizaron. ligaduras del Seol me rodearon, me tendieron lazos de muerte.

En mi angustia invoqué a Jehová, Y clamé a mi Dios.

Él oyó mi voz desde su templo, y mi clamor llegó delante de él, a sus oídos. La tierra fue conmovida y tembló; Se conmovieron los cimientos de los montes, y se estremecieron, porque se indignó él...»

Este salmo es una expresión de guerra, es un recurso para que los creyentes asumamos y peliemos la batalla espiritual, cuando David se vio rodeado, esta palabra, desde el sentido espiritual en hebreo, es la síntesis de Emunah, pero en el caso de David, es circulo de muerte, que quiere decir, Fé inversa.

¿Ha sentido alguna vez oraciones contrarias?

¿Ha sentido la Fuerza de brujería en contra?,

¿Ha visto gente unirse para destruirle?

Cuando todos los problemas se ponen de acuerdo, es porque están siendo rodeados con una Fé inversa, entonces es hora de invocar a Dios, invocar es provocar violencia espiritual, cuando sientan que no pueden más, eleven el grado de su clamor, porque las sombras están listas para pelear sus batallas.

Miren lo que dijo Job acerca de esto:

Job 12,22.
«...El revela los misterios
de las tinieblas y saca a la
luz la densa oscuridad...»

Dentro de las tinieblas hay armas de guerra, que solo les serán reveladas a quienes invoquen al Señor en su batalla, cuando estén rodeados con la Fé inversa.

La palabra "sombra" en hebreo, es la misma palabra semejanza, quien entra en la sombra, entra en la semejanza de Dios, Pablo dijo en:

Colosenses2:17:
«Todo esto era sombra de
lo que había de venir»

Quiere decir, Jesús es la sombra que se quiere manifestar en tu alma, para activar los estados profundos de Ella misma, es decir, que Dios gesta las cosas de su intimidad en las sombras y las hace manifestar en la luz, en este mismo orden, cuando hablamos del semen, proviene del Latín seminis (Semilla), estamos hablando del mismo orden y dimensión, desde donde las almas atraviesan la eternidad a través de una dimensión divina, donde opera el nombre

<<Elohim Haim>>

(Dios de vida)

Según los sabios, este nombre se le manifestó en esta dimensión, primero al patriarca Abraham en:

Génesis 17,1-25
«…Cuando Avram era de noventa y nueve años, Hashem se le apareció a Avram y le dijo:
Yo soy El Shaddai (Todopoderoso) Elokim amo de todos los Shads-ruachim (demonios o espíritus impuros), tenga su halacha delante de mí y seas tamim (perfecto)…»

En este contexto bíblico, Dios le ordenó a Abraham hacer una señal como símbolo de bris (pacto), en el aparato reproductor.

¿Por qué en el aparato reproductor?

¿Por qué no en la boca, manos, u otra parte del cuerpo?

La realidad es que el aparato reproductor representa el fundamento de la procreación, tanto en hombre como en la mujer, esta señal fue ordenada para el octavo día, después de que un niño nace, así lo dice

levítico 12,3:
«... Y al octavo día se circuncidará al niño...»

El mundo fue creado en seis días, pero en el séptimo, Elohim descansó, estos seis días representan las seis direcciones primarias que conectan el mundo de arriba con el de abajo, es imposible producir vida, si no estamos a la sombra del Shaddai que es omnipotente, esta dimensión fue la que Ana activó cuando oró, acabando su esterilidad y dando a luz al profeta Samuel cuando activamos esta dimensión, nos damos cuenta que lo que no tiene vida, recibe vida, de esta manera, también el arca en casa de Obed Edom produjo vida, porque éste se conectó a la dimensión de la sombra del Dios de vida.

<<Cuando la Joven salió de la presencia del anciano, emprendio su camino junto con Hayá (Jayá) y el Elefante a su siguiente aventura hacia el pantano de la tristeza.

Mientras avanzaba por la mañana, todo estaba tranquilo y calmado, en el principio del viaje, solamente se escuchaba el sonido de las aves, dándole la bienvenida a el sol de esta nueva mañana, estaban llenos de

expectativas y muy emocionados,
pues mientras salían del bosque,
iban dejando detrás de ellos,
una bella experiencia en aquel árbol
gigantesco y en la presencia de
él Joven anciano.

Todo parecía muy tranquilo, pues al
avanzar el tiempo, un gran silencio
comenzó a reinar en todo el
ambiente, pues ellos estaban
saliendo de un bosque, dónde
vivieron una experiencia muy
agradable, para ahora adentrarse a
un pantano, donde se definiría si la
Joven estaba lista para cruzar al
siguiente nivel, pero mientras más
avanzaban, el camino se ponía
más angosto.

La Joven, el Elefante y Hayá (Jayá),
podían percibir en el ambiente,
que la atmósfera a su alrededor
estaba cambiando, un escalofrío
recorrió todo el cuerpo de la Joven,
lo que le hizo darse cuenta de que en
el lugar dónde se acercaban no

había cosas buenas, pues el mismo clima del ambiente les estaba hablando, entonces fue allí cuando vieron, que el camino se acababa. Y lo que comenzaba frente a ellos, era un pequeño riachuelo de agua estancada, que parecía que ya estaba secándose, era como si no lloviera por mucho tiempo en ese lugar, ellos sabían que algo maligno muy oscuro había pasado por allí.

Lo que ellos percibían, está claro que era por la ausencia de lluvia, esto es la evidencia de las tinieblas que gobiernan un territorio, allí solo quedaba un hedor que dejaba el agua estancada llena de fango.

En ese paraje se notaba que otra atmósfera gobernaba el ambiente, todo era tan diferente que los árboles cambiaron de tonalidad, pues en todo el camino que habían recorrido, la vegetación era muy verde y agradable a la vista, pero ahora encontraron un panorama muy diferente.

Cuando habían llegado al riachuelo, el camino se había acabado, ahora tenian obligatoriamente que continuar su viaje entrando en aquel riachuelo.

Siguieron avanzando y decidieron adentrarse en aquellas aguas turbias para continuar su viaje.

El Elefante en el que la Joven iba montada fue el primero en entrar en aquellas aguas, Hayá (Jayá) por su parte, con su cuerpo espectral siguió el mismo camnino levitando sobre las aguas, cuando habían avanzado por unos minutos por entre el río, se iba poniendo más ancho y pantanoso, de repente en el fondo del pantano, el Elefante pisó algo que sintió como cuando se quiebra un hueso, esto era una locura, era como si hubiesen activado algo al pisar aquel objeto.

Al sentir eso el Elefante se detuvo y comenzó a hacer movimientos con su cabeza, la Joven le preguntó a Hayá (Jayá):

—¿Sentiste eso?

Hayá (Jayá) le dijo:

—"Sí lo sentí, era algo que se quebraba debajo de las patas del Elefante"

Mientras Hayá (Jayá) decía esas palabras, se escuchó un estruendo en la copa de los árboles de aquel pantano, las ramas de arriba que los cubrían, tenían ramas que ya estaban muy secas y sintieron que algo venía sobre ellos haciendo que las ramas se desquebrajarán por todos lados, parecía que se les iba a caer encima, la Joven temía que lo que venía cayendo de aquellos árboles, le cayera a Ella en la cabeza, intentó bajarse del Elefante para esquivarlos, pues en su inocencia, no quería verse afectada.

Hayá (Jayá) le dijo:

— ¡No te bajes del Elefante!,
¡Recuerda que él es tu
Fortaleza en este viaje!,

¡ÉL te fue otorgado, porque solo con él
podrias estar firme en esta
dimensión y así vencer en
esta batalla!

El Elefante, que se llamaba
LA GRAN FORTALEZA,
volvió a mover la cabeza dándole a
entender a la Joven que tenía que
estar en paz y tranquila.

La Joven dijo:

-¡Hayá(Jayá) Pero esto
puede caer sobre mí!
Hayá (Jayá) le dijo:

— Ten paz, todo está bajo control,
en el momento que sientas más
presión, la paz que tengas en tu
espíritu será el muro de contención que

impedirá que los ataques del enemigo te hagan descender de tú Fortaleza, en este camino si pierdes la paz, también pierdes la guerra.

Cuando ya estaba a punto de caerles de los árboles enormes ramas y toda la maleza encima, Hayá (Jayá) voló por encima de la Joven y levantando sus manos hacia arriba, suspendió aquellos peligrosos objetos que venían cayendo poniéndolos de tal manera que cayeran delante de ellos.

Cuando la Joven vio esto, se llenó de asombro, porque aquello que parecía caerles encima, ahora estaba cayendo en cámara lenta frente a ellos, estos objetos tenían la forma de un letrero grande, que entre limos, ramas y plantas enredadas se podía leer en letras antiguas una frase que decía:

<<Bienvenidos a El Pantano de la Tristeza>>

Ella mirando a Hayá (Jayá) le dijo:

—"Parece que aquí comienza
el pantano."

Hayá (Jayá), le dijo:

—"Sí, acá comienza el desafío de
esta dimensión."

Mis amados hermanos, a todos nos
llega ese momento de la vida,
cuando somos confrontados,
cuando el enemigo querrá usar como
arma, un ataque sorpresa, por esto
se nos hace muy necesario seguir
cabalgando sobre el Elefante de la
Fortaleza, pues él nos servirá como
plataforma para poder mantenernos
firmes en medio de cualquier desafío.

La intención del enemigo, cuando usa
el factor sorpresa, es tratar de cambiar
nuestra trayectoria de ascenso en el
mundo sobrenatural, esta trayectoria
muchas veces está camuflada, oculta
dentro de un pantano que se llama

<<La Tristeza>>

Yo sé que suena un poco difícil,
y hasta imposible de aceptar,
pero quiero que entiendan mis
amados lectores, que Dios obra por
senderos misteriosos, muchas
veces Él hará que atravesemos
nuestro propio pantano de la
tristeza, ahora te preguntarás:

¿Acaso el proceso de tristeza,
Dios lo usará como una plataforma
para dimensionar nuestro espíritu?
Quiero responderles mis amados y
decirles que ¡Sí!, muchos hombres,
que fueron eminencia en tiempos
ancestrales tuvieron que atravesar
su propio pantano de la tristeza,
para poder alcanzar su transición a
un nuevo nivel de consciencia,
tenemos muchas historias, pero la
historia más fuerte, la podemos
apreciar, como por ejemplo,
con nuestro Señor Jesucristo,
pues él también tuvo tristezas y estas
eran muy profundas, estas tristezas

fueron causadas por la incredulidad de su pueblo, tristezas que **Él mismo llevó en su cuerpo.**

Cuando estaba orando en el monte, su sudor era como gotas de sangre, Jesús exclamó desde adentro y dijo:

-Lucas 22:42
"¡Padre si es posible pasa de mí esta Copa! "

He aquí el Señor estaba peleando contra estas tristezas que le habían desgarrado su alma, él sacó fuerza de lo más profundo y dijo:

Lucas 22:42
"¡Pero que no se haga mi voluntad, si no la tuya!"

Está claro que aún nuestro maestro tuvo una guerra interior, una guerra muy profunda, esta guerra fue producida por la revelación que él Señor tenía sobre sí mismo, sí claro, él Señor sabía que cargar una cruz, por los pecadores no era trabajo fácil, Jesús sabía el dolor que le venía,el maltrato que le venía, las burlas que le venían, el Señor tenía conocimiento de todo esto, y por esta revelación de sí mismo, su alma se afligió, a tal grado que Jesús también quiso bajarse del Elefante, específicamente cuando dijo:

Lucas 22:42
"¡Padre si es posible pasa de mí esta Copa!,"

Pero también vemos que existe una postura sobrenatural, que está por encima del dolor y de la angustia, de la depresión, de la enfermedad, de la ansiedad, esta postura es la manifestación tangible del carácter del espíritu.

Esto nos deja claro, que existen estados de consciencia, disponible para aquellas personas que tienen la capacidad de ver más allá de las regiones donde moran las emociones dentro de nosotros.

Estos estados de consciencia, cuando son activados en tu vida, te harán disfrutar el proceso, te harán saborear la tormenta y te capacitarán para que tu lenguaje esté conectado a la atmósfera de la victoria sobrenatural que mora en tu interior, con sus palabras finales Jesús dijo:

- Lucas 22:42
"¡Pero que no se haga mi voluntad, si no la tuya! "

Esto quiere decir que él señor tuvo la visión, la capacidad de ver, más allá del dolor que iba a sufrir en ese momento, él Señor pudo hacer un viaje cuántico, atravesando el espacio y el tiempo, por lo que dijo dentro de sí mismo:

¡Yo sé que me va a doler, yo sé que voy a sufrir, yo sé que voy a ser molido, yo sé que voy a hacer crucificado, pero al final me levantaré y venceré a la muerte, venceré el oprobio y cumpliré el propósito por el cual vine a este mundo!

Estas palabras son las que nos dan a entender que él Señor Jes'us prefirió seguir montado en el Elefante de la Fortaleza para enfrentarse a lo que le esperaba posteriormente.
Con estas palabras los invito, mis amados lectores a que reconozcan su condición espiritual.

No le podemos permitir a nuestras emociones, que condicionen el carácter de nuestro espíritu, a mayor presión recibida, mayor bendición vendrá. les invito en esta hora, a todos ustedes que tienen este libro en sus manos a:

Primero: Que renuncies al lenguaje de dolor del alma, este que te hace decir, Padre si es posible pasa de mí esta Copa.

Segundo: Que te motives con estas palabras y que uses el lenguaje del espíritu y digas:

"Lucas 22:42
¡Señor que no se haga mi
voluntad si no la tuya!"

Tercero: Que cumplas tu propósito en tu vida, porque, aunque te duela, seguiras cabalgando en el Elefante de la Fortaleza y vas a continuar atravesando el pantano de la tristeza.

... Los tres viajeros comenzaron de nuevo a avanzar, Hayá (Jayá) tenía la capacidad con sucuerpo híbrido de volar y levitar, no hacía contacto con las aguas de aquel pantano, él iba levitando suspendido,

sobre aquel tenebroso lugar.

El único que iba haciendo contacto con aquel fango cenagoso, era el Elefante, a quien el anciano llamaba La Gran Fortaleza.

Mientras avanzaban,
la Joven se preguntaba:

-¿Por qué este letrero
estaba tan alto?

Hayá (Jayá) pudo discernir los
pensamientos de la Joven y le dijo:

—El letrero nunca estuvo allí,
lo que pasa es que alguien se dio
cuenta y ya sabe que estamos aquí,
este ataque fue solo para
asustarnos, éste fue lanzando desde
muy arriba de esos árboles,
el letrero de la entrada del pantano
solo era una distracción, pero no nos
podemos permitir ser distraídos,
Sigamos avanzando dijo Hayá (Jayá)
atravesemos el pantano.

Él se acercó donde estaba
La Gran Fortaleza el Elefante y
le dio dos palmadas en su costado,
dándole Confianza para seguir
avanzando, y así continuaron.
Cada vez el pantano se tornaba

más profundo, de tal modo, que la profundidad llegaba a la barriga del paquidermo, pero esto no lo detenía para que pudiera seguir con más fuerza y asi continuar su viaje sin detenerse.

Avanzando en contra del lodo cenagoso de aquel pantano, en contra de las aguas turbias y mal olientes, había un ambiente de tristeza que emanaba de aquel lugar, Hayá (Jayá) le dijo a la Joven:

—Llegarán momentos en tu vida, donde el viaje hacia tu destino profético, se tornarán como estos, en caminos muy difíciles, con ambientes muy crueles, pero esto no puede detener tus pasos, mientras estés montada en La Gran Fortaleza, nada ni nadie podrá hacerte frente, mientras entraban a la profundidad del pantano, unas siluetas comenzaron a moverse alrededor de ellos, como a unos 15 pasos de distancia.

Ahora se sentía que había algo
más que agua en ese lugar.

Se comenzaban a ver unas siluetas de
cocodrilos que nadaban hacia la Joven
y el Elefante, cada vez estaban más
cerca aquellos cocodrilos, en realidad,
estos reptiles se veían
muy grandes.

Estaba claro que la intención de ellos
era llegar hasta el Elefante para
atacarlo, como queriéndose comer a la
Joven y a el Elefante.

Ella sorprendida le
dijo a Hayá (Jayá):

-"Estos enormes cocodrilos pueden
hacernos daño si se acercan mucho
al Elefante, si ellos lograrán morderlo,
y hacerme caerl.

-"Tranquila",
Dijo Hayá (Jayá),
-"No pierdas la paz, no hagas
movimientos bruscos, mantente

concentrada y no te bajes del
Elefante.

Toma tu mano izquierda y mientras
los cocodrilos se acerquen,
levanta tu mano y solo canta,

¡Sí, asi es, comienza a cantar
adoraciones!, Solo adora a Dios como
si estuvieras en el mismo cielo
ignorando los sentidos para que no
seas seducida por ellos que lo único
que quieren es hacer que pierdas tú
postura de firmeza, ahora haz lo que te
dije, obedece mis palabras
y vivirás."

Cuando Ella comenzó a hacer lo que
Hayá (Jayá) le dijo mientras iba
levantando su mano izquierda y
comenzó a adorar con intensidad
todo su cuerpo y el del Elefante
comenzaron a brillar y a brotar una
especie de escarcha muy fina como
el polvo del oro o del diamante,
el cuál iba dejando una brillante
estela acompañada de un

delicioso aroma de unción en todo el pantano, ahora esta fina escarcha rodeaba a la Joven y al cuerpo del enorme Elefante, como si fuera una nube y esta fuera un escudo impenetrable formado por ondas multicolores que se desprendían de la escarcha brillante que brotaba de la piel de la Joven y del Elefante.

Mientras la unción se manifestaba en forma de esta fina y brillante escarcha y hacía contacto con el agua y todos los elementos de aquel pantano, llegando asi tambien a tocar los enormes y peligrosos cocodrilos que venían con gran furia nadando directo a atacar a la Joven y al Elefante.

Cuando estos enormes cocodrilos vieron que todo el ambiente, el agua y sus cuerpos fueron tocados por esa fina y brillante escarcha sintieron que algo les imposibilitaba el acercarse y avanzar hacia la Joven y el gran Elefante.

Esto sucedia porque mientras la Joven cantaba y adoraba salía más y más brillo y fina escarcha con este delisioso y mágico aroma.

Este brillo y esta escarcha es el símbolo de la unción divina, que fluye de la Gran Fortaleza del creyente y que hacía repeler a los cocodrilos, impidiéndoles atacar a la Joven y al Elefante.

Mientras la Joven veía el efecto que causaba esta fina y brillante escarcha en los cocodrilos, se asombrada e iba subiendo a un nuevo nivel de adoración, violento y agresivo.

Ella al entender que aquella manifestación era fundamental para limpiar el camino, adoró por varias horas, hasta que las fuerzas le fueron menguando.

Aquello se ponía cada vez más interesante, porque en un momento, por tanto adorar, se sintió cansada y al faltarle las fuerzas, también menguaba en Ella la adoración, entonces fue ahí, cuando Ella comenzó a notar, que cuando dejaba de cantar, la fina escarcha que venia acompañadola con un delicioso aroma de unción ya no salía de Ella ni del Elefante y este tambien al igual que Ella empezaba a perder su maravilloso brillo.

Asi se dio cuenta que mientras Ella oraba con sus cánticos de adoración y de guerra, la fina y mágica escarcha fluía y creaba un delicioso ambiente de paz y tranquilidad en el pantano de la tristeza.

Aquel Elefante, que como ya dijimos es la gran Fortaleza, tambien emanaba esta brillante y fina escarcha de su enorme cuerpo, por toda su piel.

¡Sí!, este Elefante era un guerrero del camino, era una herramienta necesaria para poder cumplir su misión en aquel lugar.

En un momento ellos se percataron que en el camino algo espantoso comenzó a sentirse y hasta se podía percibir en el ambiente.

Entonces llegaron a un lugar donde todos se sintieron confrontados.

Ella le preguntó a Hayá(Jayá)

—¿Por qué sucede esto?

Hayá (Jayá) le contestó:

—Hija, en los momentos más difíciles, es en donde la tristeza

ataca en la vida de un ser humano,
la mejor arma contra la tristeza
es la adoración.

Cuando tú adoras, la misma
Fortaleza se desprende del delicioso
aroma de la unción.

Esta es la dimensión que tiene
el poder de manifestar lo sublime
y divino de Dios.

También es la fuerza, que aleja
a todos los cocodrilos espirituales
que quieren hacerte fracasar.

En el pantano de la tristeza,
solo adora, solamente adora,
la adoración manifestará las
herramientas que sean necesarias
para entregar en tus manos,
la victoria que anhelas en Dios.

En este paraje el camino parecía
estar favorable, pero de repente
la Joven se sorprendió, porque
encontraron una gran montaña en

medio del río, era como si estuviera alli a propósito, en medio del camino dentro del rio.

El Elefante como era tan grande, no podía subir esa montaña, todo hacia apuntaba que no había forma, pues aquella montaña, no les daba tregua para dejarse escalar.

Al mirar este gran obstáculo,
la Joven le preguntó a Hayá (Jayá):

¿Y ahora qué haremos, porque hay una
montaña dentro del pantano que
no nos permite que sigamos
avanzando?

El anciano no nos habló de este
obstáculo, él tampoco nos dijo nada
acerca de este impedimento.

Hayá (Jayá) le dijo:

—Frente a tus ojos tiene la
apariencia de una montaña, si una gran
montaña difícil de cruzar, sé que esto
para ti representa un desafío grande,
pues ahora mismo no sabes qué hacer,
pero trata de
acércate y verás.

Ella le dijo:

—"¿Qué me acerque y veré?
-¿Qué voy a ver? Dijo la Joven"

Entonces Hayá (Jayá) le dijo:
—"Solo tienes que acercarte,
no puedes detener el viaje por las
montañas que aparezcan en tu
camino, esto te lo digo, porque
los desafíos de la vida tienen
que ser enfrentados con valentía,
esfuérzate y sé valiente, avanza
hacia la montaña, confía en la gran
Fortaleza que es quien te lleva sobre
su lomo, así estés pasando por la
tristeza más grande de tu vida,
debes tener la fuerza para levantarte
y seguir avanzando, no puedes
permitir que tu enemigo te vea
la espalda,hasta que no lo
dejes en el suelo derribado."

Entonces Ella decidió avanzar con
gran Fortaleza y a medida que se
acercaba una corriente extraña
comenzó a salir de aquella
montaña,que a su vez estaba
vibrando frente a sus ojos,
como quien se resistía, así como
quien le hacía oposición para no
dejarlos pasar, allí fue cuando

el Elefante se detuvo pensativo.

Estaba claro que el Elefante
sentía una presencia muy extraña
y desagradable que salía de la
montaña, la reacción del Elefante,
detuvo el cántico de la Joven,
lo que llevó a que se detuviera la
emanación del brillo y la fina
escarcha que los acompañaba.

El tiempo parecía estar congelado,
ni tan solo una hoja se movía,
el viento no soplaba, aquello
comenzaba a tornarse en un
ambiente tenebroso, el sol comenzó
a ocultarse tras nubes negras que
empezaron a aparecer de repente por
todos lados, estaba claro que
habían llegado a un punto clave
dentro del pantano.

Ellos nunca pensaron que después
de lograr sobrepasar los peligrosos
cocodrilos. esto se iba a convertir
en un escenario tan tenebroso.

La Joven, quién se sentía muy confiada por estar encima de aquel gran Elefante, le dice a Hayá (Jayá):

—¿Ahora qué hago?

Rápidamente dijo Hayá (Jayá):

—"Grita y solamente pronuncia estas palabras:

¡Lo que no me mató, me hará más fuerte!

¡Convierto mi dolor, en la plataforma dónde voy a edificar mi fortaleza! Grítalo con gran fuerza."

La Joven repitio lo que Hayá (Jayá) le dijo y desde lo más profundo de su ser gritó:

-¡Yo convierto mi dolor en la plataforma de mi fortaleza! ¡Diga el débil fuerte soy!

Cuando la Joven comenzó a repetir
estas palabras, a la tercera vez,
se escuchó un trueno tan fuerte,
que todo el pantano tembló,
la montaña comenzó a moverse
delante de ellos.

El Elefante retrocedió un poco,
pero se quedó firme, de repente,
como si fuera una sorpresa aquella
montaña comenzó a ponerse más y
más cerca, parecía como si Ella se
estuviera moviendo.

Mientras de debajo de aquella
montaña salían dos manos gigantes,
que hacían fuerza, como para
levantar la montaña hacia atrás,
luego de esto, también salieron de
los lados dos garras que parecian pies,
como si fueran mitad humano y mitad
animal, estos pies o garras eran más
grandes que las manos, entonces para
sorpresa de ellos, de en medio de esos
brazos, también salió una cabeza
llena de cuernos y un horrible y
espantoso rostro, que comenzó

a detallarse cuando el lodo del pantano comenzo a escurrirse por completo de su horrible cara y claramente no era una montaña, esta era una criatura del infierno, era la potestad del pantano, el guardián de la puerta a la siguiente dimensión.

Despues de tanto andar a esto habían llegado, para esto habían sido ungidos, para enfrentar a esta terrible criatura.

Amados hermanos, muchas veces en nuestro camino aparecerán

montañas como estas, que van a
querer parar nuestro caminar,
para el cual fuimos llamados,
porque el enemigo estará parado
en el camino, disfrazado de montaña,
dando a entender que ya no hay
espacio ni oportunidad
para seguir avanzando.

Cuando estas cosas pasan en
nuestras vidas, solo tenemos que
recordar que cuando la adoración
fluye de nuestra alma, la luz
comenzará a brotar y todo el
enemigo que se oculte en el
camino tendrá que manifestarse,
toda trampa tendrá que hacerse visible;
recuerda las palabras del salmista que
dice de la manera siguiente:

Salmos 91:3-5
**<<...ÉL te librará del lazo del
cazador y de la peste
destructora...>>**

Cuando la Joven vio aquella
montaña que en realidad era este

horrible ser, se llenó de valor y mirándolo frente a frente le dijo:
— ¿Cómo te llamas?

La bestia miró a la Joven con una mirada penetrante y con unos ojos encendidos como una llama de fuego roja le dijo:

—Mi nombre es **"Dolor"** y todos los que atraviesan el pantano de la tristeza mueren acá, es decir que hasta acá llegarón.

La Joven se aferró al Elefante, asi es, Ella se aferro a la gran Fortaleza sin titubear mientras "Dolor" decia:

En ningún momento subiste, yo estaba aqui delante.

Entonces la Joven volvió a clavar su mirada en aquella bestia horrible y espantosa, que ahora se había puesto de pie, frente a ellos, con la intención de quien quiere atacar a su presa.

La forma de la bestia era extraña, era un ser hibrido similar a una tortuga gigante parada frente a ellos, con rasgos de cocodrilo, de se veían sus garras y brazos, se veía su caparazón, detrás con los árboles y se podía visualizar entre el pantano y el fango que iba destilando en su pecho, también tenía una armadura, La Joven le dijo:

—"Dolor, Voy a pasar, este pantano no será mi sepulcro, o te quitas de mi camino y te mueves, o te paso por encima."

Aquellas palabras hicieron enfurecer a la bestia, la cual tiró un soplido de humo que salia de sus fauces, con esto quiso atacar a la Joven, pero Ella miró hacia donde estaba Hayá (Jayá) y le preguntó:

—¿Y ahora qué hago?

Hayá le respondió:

—Nunca quites la vista de tu enemigo, sigue mirándolo, no pestañees, haciendo caso siguió mirándola, en ese mismo momento, por primera vez, dos bestias se encontraron en el mismo camino.

La que estaba montada en un Elefante llamado la Gran Fortaleza, y que está mirando a la otra bestia dentro del pantano.

Mis amados lectores

¿Con cuál de las dos bestias te identificas, la bestia de la luz o la bestia del pantano?

Mientras la Joven continuaba con su mirada clavada en los ojos de la bestia, dijo estas palabras:

— Salmos 121:1-2.
¡Alzaré mis ojos a los montes!
¿De dónde vendrá mi socorro?
Mi socorro viene de Adonay,
que hizo los cielos y la tierra,

Continuó diciendo

"Yo bestia, no te tengo miedo, activo el socorro divino, voy cabalgando en la gran Fortaleza, por lo tanto, quítate de mi camino, no vas a detener mi visión".

La bestia sintió el impacto poderoso de las palabras que salían de la boca de la Joven, quien continuaba mirándola fijamente a los ojos, entonces la bestia le dijo:

—Para lograr pasar por acá, tiene que responder tres acertijos, si los respondes, habrás logrado vencerme, pero si no respondes, me llevo tu alma al infierno y te exhibo como mi trofeo delante de las potestades y los principados, también te tendré como mi colección, junto con las almas de todos aquellos que han muerto en este lugar, intentando cruzar

<<El Pantano de la Tristeza>>

La Joven miró más allá de las palabras de la bestia y le dijo:

—"Yo cuento con la bendición y el manto de la unción sacerdotal que proviene del aceite perfumado del anciano del bosque y del brillo de la escarcha que brota a través de la adoración, ademas voy sobre la Gran Fortaleza, así que yo tengo para decirte,

¡voy a seguir avanzando!. Seguiré Adelante, vamos estoy lista, acepto el desafío."

La bestia al escuchar estas palabras soltó una carcajada maquiavélica y le dijo:

—"Muchacha insolente, ten cuidado con las palabras que dices, porque en este valle han muerto muchos, creyéndose sabios y poderosos, pero han muerto, porque su ego y vanagloria, se les ha manifestado en medio de la confrontación, ya que, en un pantano como éste, es donde te das cuenta, si verdaderamente estás preparado para la guerra espiritual."

Muchas veces mis queridos lectores, vamos a tener que aceptar los desafíos de la vida, aunque en esos momentos, nada ni nadie pueda ayudarnos en esas confrontaciones, en donde ustedes mismos tendrán que pelear sus propias batallas, estos desafíos marcarán, un antes y un después en tu vida.

Mis amados lectorres, yo sé por experiencia propia que muchas veces se hacedifícil lidiar con la tristeza y con estos dolores que aparecen en el camino, que a su vez, van entrometiéndose para evitar que crucemos y avancemos al siguiente nivel, esto sucede para que no puedas cumplir el propósito en tu propia vida.

<< Estas dos bestias que se habían encontrado en aquel pantano,

estaban dispuestas a enfrentarse, una
bestia miraba a la otra fijamente,
mientras esperaba que le
dijera tal acertijo.

Mis amados lectores, hoy les digo,
que si están pasando por un
momento difícil en su vida,
miren a su bestia
a la cara y díganle:

¡El dolor, no me matará!,
El fracaso no me matará!,
¡La depresión no me matará!

Aquí me levantaré yo misma,
contaré mi propia historia,
dejaré mis huellas en este pantano,
para que las generaciones que
vienen caminando detrás de mí,
entiendan que por fuerte que
sea el proceso, por difícil que
sea el camino, la palabra de Fé
y las promesas de Dios, serán mis
herramientas para cruzar
este pantano.

Capítulo 9

El Primer Acertijo

La bestia hizo silencio y
preparó los acertijos.

Lanzó el primero diciéndole:

<<…Un camino, un León en el
monte, una batalla, un León
muerto, un hombre toma su
dulzura, se alimenta a través
de la muerte…>>

La Joven, que aún mantenía su
mirada fija en la bestia, se quedó
pensando por un minuto y decía
dentro de sí misma:

— ¿Cuál será la respuesta del
primer acertijo?

Y mientras meditaba, llegó a su mente
un personaje de la Biblia, que mató a un
León con sus propias manos y pasado
el tiempo, encontró el cadáver y dentro
del cadáver, encontró un panal de miel
de abejas, entonces abrió su boca...
Y le dijo a la bestia:

—"Conozco la respuesta
de tu primer acertijo."

La bestia le dijo a la Joven

-"Si respondes mal, tendré autoridad
sobre ti, comenzaré a torturarte pero si
respondes correctamente
comenzaré a moverme para
despejarte el camino."

La Joven miró a Hayá (Jayá),
quien estaba haciendo discernimiento
sobre sus pensamientos, diciéndole:

—"Hija, no me mires a mí, esta es tu
guerra, es tu batalla, tú tienes que
ganarla, ten la certeza y la confianza
en tu espíritu de que tu respuesta
será la correcta."

La Joven respiro profundo y le dijo:

—"Tu acertijo está hablando
de Sansón…"

La respuesta de la Joven estremeció a
la bestia, quien nunca se esperaba que

la Joven respondiera con tan certera respuesta, en ese instante la bestia hizo un gesto en su rostro, mostrando gran dolor, dando a entender que la respuesta de la Joven le había hecho mucho daño, entonces comenzó a moverse y abrir poco a poco una pequeña parte del camino, cuando la Joven vio que a su respuesta fue certera, la llenó de convicción, de mucha Fé y esperanza, diciendo dentro de sí, voy a cumplir mi misión, no moriré en este lugar.

Mis amados lectores, muchas veces los desafíos de la vida, nos confrontan con acertijos, con preguntas, las cuales al parecer no tenemos las respuestas, pero esto, no nos debe desanimar, debemos estar firmes, tener la convicción y la certeza de que Dios no nos dejará en vergüenza en medio de los diferentes pantanos que atravesamos en la vida, el Señor estará siempre presente, por esto te digo, que tienes que aprender a buscar dentro de ti mismo y despertar esa consciencia superior, busca contactar las fuerzas sobrenaturales que fueron destinadas para ti, que están más allá de tus propios pensamientos, estas fuerzas son las que habilitarán todas las herramientas del Reino de Dios, para que seas un guerrero, cuyo ataque siempre sea efectivo, también se hace muy necesario entender, que en medio de la confrontación, no podemos darnos el lujo de permitirnos llegar a la desesperación, ya que este es el objetivo principal de la presión ejercida sobre nosotros.

Cuando somos confrontados en los pantanos emocionales de la vida, siempre ten en cuenta, que el reino de Dios estará disponible para moverse a favor de aquellos que Hayán emprendido un viaje hacia la madurez espiritual, con el único propósito de llegar a convertirse en un representante de la luz, en medio de un mundo de tinieblas.

El libro de Isaías en su
capítulo 60 dice:

*"Levántate y resplandece
porque ha venido tu luz y
la gloria de Adonay ha
nacido sobre ti"*

Capítulo 10
El Segundo Acertijo

Con estas palabras, espero que se
preparen para que pasemos a la
siguiente confrontación entre
la Joven y la bestia del Dolor,
porque aún falta el segundo acertijo.

La bestia del Dolor estaba
sorprendida por la habilidad
de la Joven, la observaba
con mucha confianza,
montada aún sobre ese
gran Elefante le dijo:

—Si eres tan sabia y rebosas de
sabiduría, espero que tengas la
respuesta correcta al siguiente
acertijo, porque si no me la das,
entonces volveré a moverme,
y sellaré el camino una vez
más y te atormentaré."

La Joven le dijo:

—"No le temo a tus palabras,
ni a las armas que uses contra mí."
La bestia del Dolor podía sentir
en la atmósfera, que una fuerza

sobrenatural se presentaba
alrededor de la Joven, entonces
aquella bestia lanzó un grito que
estremeció los árboles del pantano
y dijo:

-Está bien resuelve el siguiente
acertijo, que es mi próximo ataque
y dice asi:.

—"Fui hombre, luego fui bestia,
luego volví a ser hombre
¿Quién soy?"

La Joven al escuchar el segundo
acertijo miró hacia arriba,
cerró los ojos y respiró profundo.

Asumiendo con este ritual,
una postura de comunión superior,
como quien deja su cuerpo en el
tiempo, pero navega en su mente,
en el mundo de los espíritus,
como quien está segura
de lo que leporta en su interior,
la Joven repetía varias veces en
su mente el acertijo de la bestia,

buscando con esto descifrar
aquel enigma.

Aún permanecía con los ojos
cerrados, el silencio en el que
permanecía la Joven, creaba
trastorno en el ambiente y confundía a
la bestia, la cual no sabía si había
ganado con este ataque, o iba a ser
sorprendida por la respuesta
de la Joven.

El ambiente se cubrio por un
silencio sepulcral, el viento soplaba
y la Joven continuaba en la misma
postura, mostraba una seriedad
y el carácter deuna verdadera
guerrera, se veía claramente
que no estaba desesperada,
se estaba tomando su tiempo
para encontrar dentro de
Ella misma la respuesta a
este misterioso acertijo.

Después de varios minutos de
silencio, la Joven entró en un éxtasis y
tuvo una visión, donde fue llevada en el

espíritu a un lugar, un pueblo cautivo, donde vio un hombre a quien Dios le hizo un llamado, pero aquel hombre desobedeció y por su desobediencia fue castigado por Dios y seconvirtió en una quimera, una bestia de la oscuridad.

Cuando la Joven vivió y experimentó aquella visión, se dio cuenta cuál era la respuesta del segundo acertijo, la bestia se encontraba confundida por la postura de la Joven, que aún no abría los ojos, entonces, comenzó a reírse de Ella y se burlaba diciendo:

-"Será imposible que descifres el enigma del segundo acertijo, el tiempo se acaba, si no respondes, llegará la noche y cuando la noche lo cubre todo soy invencible."

Mientras la bestia del Dolor decía estas palabras, un viento gélido comenzó a soplar aun más fuerte en todo el pantano, el cabello de la

Joven comenzó a moverse por el
impacto de aquel viento y de repente
la Joven abrió sus ojos,

Alzó la mirada y clavó su atención
sobre la bestia y le dijo:

-"Tengo la respuesta a tu
segundo acertijo"

La horrible bestia le dijo:

-"Si es verdad que tienes la
respuesta entonces dímela si es
correta me moveré y abriré
más el camino."

En medio del salvaje viento que se
estaba moviendo en el pantano
la Joven dijo:

-"¿Es que no te das cuenta de
que los vientos están soplando
a mi favor?

La respuesta a tu acertijo
es la siguiente:

-"Primero fue hombre, luego fue bestia y luego fue hombre, estás hablando del rey Nabucodonosor."

Estas palabras llenaron de odio y furia a la terrible bestia, la cual lanzó un rugido queriendo tumbar a la Joven del Elefante pero cuando el impacto del rugido venía sobre la Joven, los vientos soplaron fuertemente en este instante el Elefante y la Joven fueron cubiertos por un torbellino luminoso muy brillante que los envolvia formando una especie de escudo impenetrable alrededor de la Joven y del gran Elefante, impidiendo que el impacto del feroz rugido de la horrible bestia, los lastimara.

La Joven le habló con autoridad a la bestia y le dijo:

-"Muévete y abre el camino, cumple tu palabra",

La terrible bestia sintio en su interior un gran asombro al percibir la autoridad y el poder que emanaba de las palabras de la Joven, la bestia del Dolor en obediencia a la Joven, comenzó a moverse y a despejar otro poco el camino,

La Joven le dijo a Hayá (Jayá):

"Vamos, avancemos,
ya podemos pasar"
, Pero Hayá (Jayá) le dijo:

-"Esta guerra no ha terminado, no puedes pasar por este pantano y dejar la guerra inconclusa, pues lo que no venzas acá, puede manifestarse más adelante en el viaje"

La bestia le dijo con voz amenazante a la Joven:

-"Pero cómo te atreves a faltarme al respeto de esta manera, no te olvides que mi nombre es dolor y yo soy el

rey de este pantano, nadie cruza
ni avanza, hasta que no me venza,
la mayoría de los guerreros, que
lucharon antes que tú, intentaron
atravesar por este lugar y aquí
murieron, estan bajo tus pies,
no pudieron avanzar al siguiente
nivel, ya que el dolor que les causé,
cuando no respondieron mis acertijos
los mató y la tristeza que sentían en su
ser, los atormentó y sus almas
desfallecieron y se anuló en ellos
la esperanza de vida, de salir
de este pantano.

La Joven le dijo:

-"Pero el camino está despejado
y ya podemos pasar."

Entonces la bestia le dijo:

No pasarás, pues aún falta el
último acertijo.

Mis amados lectores, es importante que
entendamos, que cada vez que vamos

subiendo de nivel en el camino, también irá subiendo la presión ejercida sobre nuestras vidas, porque en este segundo acertijo, acabamos de ver que muchas veces, ante una pregunta difícil, la mejor respuesta que podemos dar, es la respuesta de nuestro silencio.

La Joven nos demostró con esta postura, que es mejor mirar hacia arriba, cerrar los ojos, meditar y concentrarse antes de hablar, pues muchas veces estamos dando respuestas desesperadas, sin saber lo que vamos a hablar.

La Joven sabía que si respondía mal, esa mala respuesta iba a traer consecuencias drásticas en su vida, sí mis amados lectores, estas son las cosas de la vida, las cuales tenemos que aprender y que cuando no estamos seguros de lo que vamos a decir, es mejor permanecer en silencio, meditar y buscar dentro de nosotros mismos, para poder dar la respuesta correcta.

Muchos que han dado respuestas apresuradas, han sido abrazados por el manto oscuro de la desesperación, cambiando el rumbo de su historia negativamente, se pierde el enfoque, se pierde el ritmo profético y el desarrollo espiritual que podemos obtener de nuestra paciencia.

Estas acciones desesperadas logran convertirnos en cómplices de nuestra propia destrucción, y cuando esto pasa, la frustración marca en nuestras vidas un nuevo sendero de dolor, de fracaso, de ansiedad, de depresión y acto seguido, a todos estos sentimiento de oscuridad, proviene la muerte espiritual, en conclusión la muerte física, pero para que nosotros podamos evitar que todo esto pase, es necesario tener en cuenta que cada pantano de la vida, por triste que sea, por doloroso que sea,

con la actitud correcta podemos
transformarlo en una plataforma
de victoria.

Capítulo 11

El Tercer Acertijo

La bestia, reconociendo que la Joven
había sido muy certera en todas las
respuestas que hasta ahora había
dado, por esta razón se decidió a
lanzar su tercer y más certero
ataque y le dijo:

—"Este será el desafío más difícil,
porque este acertijo pocos
han logrado descifrarlo,
si estás preparada preparate,
es el siguiente:"

—"Soy la noche, soy el día, no soy
el instrumento, pero soy la melodía,
toco sin manos, camino sin pies,
estoy en el aire y tú no me ves.

¿Quién soy?"

La bestia con una risa malvada
en su horrible rostro se burlaba
de la Joven diciéndole:

— ¿Y ahora qué vas a hacer cómo
podrás resolver este acertijo?
La Joven sorprendida,no esperaba

que el tercer acertijo fuera tan
difícil de resolver, quedó confundida,
pues sabía que no podía preguntarle
a Hayá (Jayá) la respuesta de aquel
acertijo, porque esta era su batalla,
la cual le correspondía luchar sólo
a Ella y él no podía intervenir.

Buscaba y buscaba dentro de sí
algún indicio, alguna conexión con la
que pudiera armar las piezas de este
rompecabezas, algo que la conectara
con la respuesta para resolver ese
cuestionamiento y repasaba en su
mente las palabras del acertijo,
comenzó a sentir un bloqueo en su
interior, por más que Ella quería
tener acceso a los estados profundos
de su consciencia, sentía una gran
muralla,una limitación qué
taladraba su alma y confundía
sus instintos, pues este acertijo la
tenía totalmente acorralada,
al no poder encontrar una solución
inmediata a aquella confrontación,
a tristezade aquel pantano comenzó
a emanar del cuerpo de la bestia,

la Joven miraba paratodos lados angustiada algunas lagrimas asomaron por los ojos de la Joven, por la influencia y el efecto de la tristeza y el dolor que emanaba del cuerpo del la bestia y del mismo pantano, estos ya estaban teniendo gran efecto en Ella, toda esta atmósfera negativa y oscura la estaba rodeando cada vez más, pero a pesar de todo a la misma vez, Ella luchaba y luchaba por conseguir una chispa de luz, algún indicio que la ayudara a salir de esta confrontación.

Los minutos fueron pasando, y junto con los minutos comenzaron a transcurrir las horas, la situación cada vez pintaba peor, porque se hacía muy difícil para Ella encontrar el misterio oculto dentro de aquel acertijo.

La bestia del dolor al ver que la Joven tenía tanto tiempo en silencio le dijo:

—"Tienes hasta la puesta del sol para responder, y si no lo haces tomaré tu alma y te quedarás aquí sepultada junto con todos aquellos guerreros que han osado desafiarme a mi al dolor y han fracasado en este pantano de tristeza absoluta, se quedaran aquí con los que murieron intentando cruzar."

Las palabras de la bestia, por primera vez habían logrado un impacto profundo en la mente de la Joven, ya que, por la confusión interior que tenía, ya no poseía las fuerzas que sintió antes cuando resolvió los dos primeros acertijos, parecía que no podía salir de esta encrucijada.

El tiempo pasaba muy de prisa, Ella miraba hacia el cielo y se dio cuenta que faltaban pocos minutos para que el sol se ocultase, sabía que esta era la señal para que la terrible bestia acabara con su vida, la señal de la puesta del sol.

Mientras tanto la horrible bestia escondió una de sus manos y sacando un arma extraña, como en forma de una Oz, con la cual iba a arrancar el alma del cuerpo de la Joven.

Por cada segundo que pasaba el corazón de la Joven latía más fuerte, tan fuerte que las lágrimas y el sudor corrían por todo su rostro, a pesar de todo esto, su compañero de viaje, es decir Hayá (Jayá), permanecía quieto y guardaba silencio.

Hasta que en un momento, faltando solo un minuto para la puesta del sol, Ella miró a su compañero Hayá (Jayá) para preguntarle, por la respuesta de aquel acertijo, Hayá (Jayá) inmediatamente conoció las intenciones que tenía la Joven, sin Ella darse cuenta, estaba siendo víctima de la tristeza y la desesperación.

Hayá (Jayá) sabía que Ella le iba a hablar para preguntarle la respuesta del acertijo, cuando la Joven puso su mirada en Hayá (Jayá) para preguntarle, él la miró y rapidamente se acerco a Ella y puso un dedo en sus labios, haciéndole entender con esta señal que guardara silencio.

Esto la asustó más, pues el tiempo seguía corriendo estaban a segundos de la puesta del Sol y si esto pasaba, Ella iba a perder su alma.

Pero Hayá (Jayá) le dijo:
—"Mira a la horrible bestia a los ojos y entra en la mente de tu enemigo."

La Joven obedeció, sabía que no podía perder más tiempo y miró a la horrible bestia directamente a los ojos, a aquellos ojos rojos e incandesentes que expulsaban fuego y dolor en cada mirada.

Cuando la terrible bestia del dolor vio esta acción, se quedó perpleja, ya que la postura de la Joven la estaba confrontando sin temor alguno, entonces mientras la Joven tenia clavada la mirada en los ojos de la horrible bestia, fue cuando pudo ver mas allá y ver en lo mas profundo de aquellos ojos rojos que se escondia algo misterioso, Así fue como la Joven logró ver a través del fuego y el dolor, asi pudo cruzar el gran abismo oscuro que estaba detras de aquellos temibles ojos y de esta forma poder llegar a descifrar el misterio que la bestia tenía prisionero en lo mas profundo de su ser.

La Joven tras escudriñar con valor la profunda mirada de la bestia logro decifrar que este misterio escondido era un recuerdo de la misma bestia la Joven pudo entender que lo que estaba viendo era el pasado de la bestia del dolor, antes de llegar a convertirse en este horrible ser.

La Joven pudo ver que esta horrible bestia antes era un ser de luz, un Ángel en el cielo que adoraba al Padre de todos los espíritus, también vio la melodía que se movia dentro de las arpas y pudo ver que este ser antes tenia la capacidad de moverse sin necesidad de caminar.

Inmediatamente la Joven supo que aquí estaba la respuesta del misterioso acertijo, que no podía responder Faltando tan solo treinta segundos para que el sol dejase de brillar, Ella le dijo a la bestia:

"Ya tengo la respuesta de tu acertijo".

Entonces la Joven, gritó con voz en cuello y dijo:

—<<Quién es la noche, y quién es el día, es el mismo que, aunque no es el instrumento es la melodía, aquel que puede tocar sin manos y puede caminar sin tener pies, que también puede tocarte la cara y tu no lo ves>>

Es el Ruaj Kadosh

Cuando la Joven pronunció estas palabras, cayeron rayos, truenos, relámpagos y centellas que provenían desde el cielo, eran tan fuertes que el pantano completo se ilumino y tembló desde lo mas profundo.

La bestia sorprendida gritó de furia y de dolor, luego de hacer esto le dijo a la Joven:

-¿Cómo pudiste descifrar un misterio que estaba tan oculto dentro de mí?

La Joven le dijo:

-"Desde que fijé mis ojos en tus ojos, pude atravesar tu mirada de fuego y dolor, pude adentrarme a través del gran abismo que escondes tras de aquellos ojos y descubrir tu gran secreto".

La Joven continúo diciendo:

-"No siempre fuiste una terrible bestia, no siempre estuviste en este pantano de la tristeza, fui a tu pasado y me di cuenta de que eras un Ángel adorador y que el Ruaj Kadosh provenia y se movia a través dela melodía en tu arpa, esta melodia te confortaba, pero tu no logravas ver la melodia que provenia de tu propia arpa, no lograbas ver el Ruaj Kadosh, así pude descifrar tú tercer acertijo, entonces yo gano y tú pierdes, ahora quítate de mi camino, porque voy a cruzar hacia a la siguiente dimensión,

voy por mi recompensa".

La Joven le dijo a Hayá (Jayá) que avanzarán ya que su camino estaba desbloqueado, la bestia comenzó a moverse con la cabeza cabizbaja y cuando la Joven iba pasando muy cerca de la bestia, esta levantó la mano en la que tenía el arma, en ese momento parecía como si la bestia del dolor no fuera a cumplir su palabra, y quisiera atacar a traición a la Joven, entonces la Joven le dijo con una voz de autoridad:

— ¿Qué piensas hacer?

Y la bestia con una voz de tristeza respondió:

—Solo voy a entregarte mi arma para que me quites la vida, porque reconozco que tú has ganado,
La Joven le dijo:

—Si yo te matare, le dejaría el camino fácil a los guerreros que ahora mismo están leyendo nuestra historia, ya que ellos al igual que yo también tendrán que pasar por el pantano de la tristeza, entonces no tendría sentido pasar por acá sin que ellos sean confrontados.

La bestia le preguntó que si la dejaría vivir, la Joven le respondió:

—"Claro te dejaré vivir,
porque mi misión no es destruirte,
mi misión fue vencerte y ya lo hice."

El Elefante y la Joven continuaron su camino, guiados por la intuición y la mágia que solo los corazones valientes pueden sentir, eventualmente, sus ojos se posaron en una roca que estaba junto a un antiguo árbol de roble, cuyas raíces parecían abrazar un cofre adornado con símbolos antiguos.

El cofre brillaba con una luz celestial
mientras una sensación de
victoria impregnaba el aire.

En ese momento Hayá le dijo:

—"Esta es parte de tu recompensa,
esto es resultado de tu victoria,
toma las partes de la armadura para
que avancemos a la siguiente
dimensión, que es dónde se encuentran
las otras partes que completaran
tu armadura.

Con manos temblorosas pero llenas
de emoción, la Joven abrió el cofre,
revelando tres piezas de una
armadura que parecía forjada
por los mismos angeles,
esta armadura destilaba
una fuerte energía protectora.

La primera pieza era una hermosa
Tiara, adornada como una diadema
de cristales resplandecientes que
destellaban como estrellas,
la segunda pieza, era un escudo,

era robusto y tenía grabados,
que eran intrincados tallados
que semejaban el rostro de un León,
y la tercera pieza, eran unas
hermosas botas, estas estaban
adornadas en los tobillos con un par de
alas de aguila que alijeraban los pasos
de la Joven al caminar.

La Joven comprendio que esta
armadura era más que solo
protección física; era un símbolo de
fortaleza interior, de superación y de la
capacidad de transformar la
oscuridad en luz.

Con reverencia, la Joven se enfundó la
armadura, sintiendo su poder fluir a
través de Ella como un río de mágia.

Mientras la luz del atardecer se
desvanecía y la luna emergía en el
firmamento, la Joven comeno a
cantar alabanzas por el gozo que sentia
en su corazón en ese momento todos
se encontraron inmersos en
una escena mágica.

La armadura brillaba intensamente, iluminando el área circundante con un resplandor cálido y reconfortante.

Las aguas del pantano parecían calmas y serenas, reflejando las estrellas que se alzaban en el cielo nocturno haciendo juego con la diadema de cristales resplandecientes que adornaba el casco de la Joven.

Mientras la luz del atardecer se desvanecía y la luna emergía en el firmamento, la Joven, Hayá (Jayá) y el Elefante continuaron cruzando lo que quedaba del pantano de la tristeza.

Mientras se alejaban la bestia escondió su arma, escondió sus pies y también escondiósus manos convertiendose nuevamente en una gran montaña durmiente, tapando el camino detrás de ellos.

Una vez habían salido totalmente del pantano de la tristeza, el Elefante se detuvo y ya no quería seguir avanzando, la Joven preguntó:

—¿Y ahora qué pasa por qué el Elefante se detuvo?

Hayá (Jayá) respondió a la Joven:

—"Recuerda que cuando estuvimos en el árbol del anciano, él nos dijo que la misión del Elefante, era solamente servirte como una herramienta de combate para atravesar el pantano de la tristeza.

-El Elefante no puede seguir cargándote y llevarte sobre él a nuestra siguiente misión."

Entonces Ella le dijo:

— ¿Y qué pasará con él ahora?

Él le dijo:

—Baja del Elefante y
verás lo que pasará.

Cuando la Joven hizo el intento
de bajar, Hayá (Jayá) le dijo:

—"Espera, antes de bajar dale las
gracias a la gran Fortaleza él
Elefante que te a ayudado
a llegar hasta aquí."

La Joven miró a la Gran Fortaleza
con ojos llenos de admiración
y cariño, con el corazón lleno de
gratitud por todo lo que había
aprendido y experimentado sobre
sus lomos, quien con su figura
imponente y su mirada serena,
la acompaño atravez del pantano
de la tristeza.

La Joven abrazo al Elefante y le dijo:

— "Mi querido amigo la Gran
Fortaleza, ha sido honor y un viaje
increíble a través de este pantano de la
tristeza, gracias por sostenerme en me-

dio de la tribulacón, gracias por ayudarme a estar firme cuando la tristeza parecía abrumadora siempre encontraste la manera de seguir adelante, me has demostrado que la tristeza es parte del camino, pero no define quiénes somos."

Prometo que nunca olvidaré todo lo que me has enseñado. Tu amistad y apoyo han sido una guía a través de este pantano.

Ahora continuare mi camino recordando que siempre llevaré un pedacito de la Gran Fortaleza en mi corazón."

Estas palabras hicieron que el Elefante se postrara, facilitando a la Joven descender de él, la Joven descendió y El gran Elefante estrecho su trompa en la mano de la Joven compartiendo un momento de conexión y gratitud, sabiendo que sus caminos tomarían rumbos diferentes, pero el vínculo entre ellos permanecería para siempre.

Luego, se separaron lentamente, y el Elefante hizo un ruido como de trompeta con su trompa que estremecía todo a su alrededor, esto llamó la atención de la Joven, porque el Elefante se paró en las patas traseras y mientras seguía haciendo aquel sonido de trompeta una nube vino del cielo y envolvió al Elefante en forma de remolino brillante y mientras esta nube daba vueltas alrededor de él Elefante, este se fue desvaneciendo en aquel remolino de luz brillante juntamente con el ruido que hacía, hasta convertirse en parte de esta nube.

La Joven seguía sorprendida y preguntó a Hayá (Jayá):

—¿Entonces qué pasará conmigo en adelante si no puedo andar con la compañía de la Gran Fortaleza?

Hayá (Jayá) le dijo:
—La Gran Fortaleza siempre estará con nosotros, pero en otra clase de manifestación, no te preocupes por él, porque él ya cumplió su misión, que fue ayudarte a cruzar el pantano de la tristeza.

Mientras Hayá (Jayá) le explicaba esto a la Joven, observaban la nube que envolvía al Elefante fue elevandose del suelo y junto con Ella también lo hacía la silueta que aun se veia de aquel gran el Elefante, quien se había fusionado con aquella nube en forma de luz.

Y Fue así como nuestros héroes, La Joven y Hayá (Jayá) emprendieron su siguiente misión.

La Joven se encontraba muy
contenta, por llevar las tres piezas
de su reluciente armadura y
se preguntó:

-¿Cuál será la siguiente misión,
ahora hacia dónde vamos?

Hayá (Jayá) le respondió:

—"La próxima misión es tan fuerte
como ésta que acabamos de pasar, porque es un lugar muy árido
y ausente de vida, el que tendremos
que atravesar."

Capítulo 12

El Desierto de los Recuerdos

Hayá (Jayá) le preguntó, a la Joven:

—¿Aún quieres continuar?,
-¿Aún quieres seguir con este viaje?

Porque tengo para decirte, que más allá
del desierto de los recuerdos, está la
montaña de cristal y allá descansan
todas las consciencias de los Elohines.

Entonces la Joven le dijo:

—Vamos, atravesemos ese desierto
y lleguemos a la montaña de cristal,
éste será nuestro destino y nuestra
meta en este viaje."

Y así fueron caminando y mientras lo
hacían, cayó la noche y siguieron
avanzando en medio de la oscuridad,
hasta que llegaron a un paraje
y decidieron acampar allí, porque ellos
no querían seguir avanzando
en la noche.

Ellos querían darle tiempo a que
llegara el día, mientras tanto se

preparaban para pasar la noche
cuando Hayá (Jayá) le dijo
a la Joven:

-"Tu descansa, duerme bien que
yo velaré y guardaré tu sueño."

Y así descanso aquella Joven
heroína, pero no sabía lo que
le esperaba en su siguiente
aventura.

Mis amados lectores, yo sé que
el impacto de esta historia, está
causando cosas muy positivas en el
interior de cada uno de ustedes
ahora mismo mientras tienen este
libro en sus manos, grandes cosas en
sus vidas van a cambiar,
yo sé que sienten en su cuerpo fluir
la electricidad, el fuego, la energía,
la vibración que emanan del
interior de estas páginas, del poder
que se esconde tras estas letras,
es por esto que quiero que
comprendan, que cada desafío
de la vida traerá una recompensa y

esta recompensa, será la armadura que les preparará para asumir la siguiente confrontación.

Yo sé que a lo mejor pensarón que la Joven tenía que matar a la bestia, pero quiero decirles que sí así hubiera sido, entonces esto no tendría ningún sentido, lo digo por la generación que viene caminando detrás de nosotros, que también tiene que aprender a sobrevivir en medio de sus propios pantanos.

Está claro que nosotros tenemos que poner el ejemplo y dejar huellas imborrables en el camino, para que nuestras generaciones entiendan, que ellos también tienen que pagar el precio, tienen que matar a su propia bestia.

Nuestra misión en el camino, es dejarle el sendero preparado para que ellos encuentren el mapa que les guíe, que les sea de ayuda para atravesar los pantanos de este

mundo, no podemos dejar que todo sea
fácil para nuestra generación,
hay que enseñarles que para todo
hay que pagar un precio y que todo
cuesta un sacrificio.

Hay que plasmar en sus vidas que
este sacrificio será parte de la
enseñanza que los convertirá a ellos
en guerreros del camino.

Tenemos que predicarles con el
ejemplo, esto lo debemos tener
claro, pero también debemos
enseñarles que las cicatrices
recibidas en el proceso, son trofeos
de guerra que nos enseñan,
que aunque fuimos heridos,
aquellas heridas no pudieron matarnos,
estas cicatrices hablarán más qué un
millón de palabras y les dirán a muchos,
que los pantanos de la vida,
solo son la plataforma, que el señor
usa para llevarnos al siguiente
nivel de gloria y que lo que no nos
mató, en el pantano, nos dio Gran
Fortaleza y nos hizo más humildes,

sabios, prudentes y poderosos en la Emunah para poder aguantar, todo lo que venga en el camino, hasta que termine el proceso.

Quiero resaltar algunos errores que cometió la Joven, en el tercer acertijo.

Primer punto: Ella se confió demasiado, pues había ganado las dos primeras confrontaciones, sentía que tenía el control, por la facilidad con la que resolvió los dos primeros acertijos, tanto así, que desvió su visión y quitó sus ojos de su oponente, quien a su vez, se enteró que Ella estaba distraída, y en una confrontación de este nivel, no te puedes permitir que la distracción participe, porque cuando estás siendo confrontado, hay muchas cosas en juego, y ese es el momento, dentro de tu proceso, dónde elenemigo quiere que pierdas el enfoque y comiences a entretenerte con cosas carnales, que no le suman nada a el propósito, por el cual estás atravesando el pantano.

En ese momento, es cuando tienes que desconectarte de todo lo que te distrae y decirte a ti mismo, que vas a superar ese desafío, sí, tú mismo tienes que darte palabras de fortaleza, tú mismo tienes que inyectar fuerzas a tu alma y a tu ser.

Segundo punto: Mirar los ojos de la bestia, es como darle la cara al problema, es aceptar nuestra condición existencial, pero no permitirle a ésta, que cambie nuestra postura mental, esto quiere decir que por difícil que sea el problema o la situación que estemos pasando, debemos estar firmes, sin miedo a nada, como el Guerrero que sabe que tiene la victoria segura antes que comience la batalla, recuerda que la palabra del señor dice:

Filipenses 4,13:
"Todo lo puedo en cristo que me fortalece"

Tercer punto: Cuando enfrentas el problema y tomas como herramienta principal el carácter, éste se convierte en un arma necesaria para afrontar tu condición, y es posible que aprender a usar el carácter, te cause dolor en diferentes áreas de tu vida, dolerá porque tendrás que sacrificar cosas que a lo mejor estén muy apegadas a ti, digo esto porque muchas veces tendremos que tomar distancia de gente, de amigos, incluso de familiares, que desconocen el propósito de nuestro proceso, pero a la misma vez, esto te dará la capacidad sobrenatural de llegar a tu propio discernimiento, a poder escudriñarte a ti mismo y estudiar cuáles son tus áreas más vulnerables, para poder buscar la forma de fortalecer esas áreas, esto es para que la bestia no se aproveche de ellas.

También este carácter, te ayudará a encontrar la salida del laberinto emocional, en elcual muchas veces nos sentimos perdidos, por esto quiero que sigan atentos, porque aún falta la parte más emocionante de este viaje sobrenatural.

En la mañana siguiente, la Joven despertó sobresaltada y llamó a su compañero Hayá (Jayá) y le dijo: —"Estuve teniendo un sueño toda la noche, soñé que un ser de luz vino a nosotros y me entregó un báculo y un manto."

Hayá (Jayá) le dijo a la Joven:

—¿Y qué más viste?
Ella le respondió:

—También vi que llegábamos a una puerta, pero no era una puerta común y corriente, era muy extraña, ya que al abrirla te conectaba a otra dimensión.

Hayá (Jayá) le dijo:

—"Quiero decirte que lo que viste en tu sueño, es parte de una realidad alterna, porque mientras tú dormías, vino un Ángel y me trajo un báculo y un manto, para que te los entregará a ti."

Entonces dijo la Joven.

¿Cómo puede ser esto posible?

Hayá (Jayá) le dijo:

—Existen dimensiones del espíritu, cuando nuestro ser escapa de nuestro propio cuerpo, puedes tener conexión con diferentes realidades, esta capacidad sobrenatural, suele manifestarse cuando tu ser interior comienza a madurar en los estados profundos de consciencia, para tus sentidos fisicos el Ángel estuvo ausente, pero para tus sentidos espírituales no lo estuvo y pudieron persivir su presencia, ya que lo que

parecía un sueño para ti, para tu
espíritu era parte de una realidad,
en ese momento Hayá (Jayá)le dijo:

—"Prepárate porque tenemos que
llegar a esa puerta, cuando la Joven
se levantó, le dijo:

—Hayá (Jayá)
¿hacia dónde nos dirigimos
para encontrar esa puerta?

Entonces Hayá (Jayá) le dijo:

—"Sígueme y yo te mostraré"
Así se prepararon y salieron rumbo
al norte, caminaron por varios días,
descansando solo en las noches,
hasta que llegaron a unas ruinas y
decidieron adentrarse entre Ellas.

Aquello parecía un templo antiguo,
donde antes se rendía culto te
adoración a algún dios no conocido.

Al llegar, vieron un pacillo y
decidieron caminar hacia él,

este pacillo tenía antorchas que servían como lámparas para alumbrar el camino, pero se encontraban apagadas, la Joven miró a su compañero y le dijo:

—"Está muy oscuro y no puedo ver donde pongo mis pies"

-¿Cómo vamos a caminardentro de este pasillo donde no veo el piso?

Su compañero le dijo:

— Tranquila, vamos a encender las antorchas según vayamos avanzando.

Cualquiera diría que lo correcto era tomar una de las antorchas del pasillo, pero no siempre lo que parece correcto, es lo que tenemos que hacer.

La Joven le hizo una pregunta a su compañero Hayá (Jayá):

—¿Por qué no tomamos una de las antorchas y vamos alumbrando todo el camino?

Hayá le dijo:

—"Si quieres hacerlo, anda toma una de las antorchas, si crees que es lo correcto."

La Joven avanzó y tomó la antorcha que estaba en el lado izquierdo a la entrada de aquel pacillo oscuro, cuando lo hizo, de repente delante de Ella, se abrió un enorme hueco y la Joven estuvo a milímetros de caer en aquel profundo hoyo que se abrió delante de Ella, estaba claro que esto era una t rampa, que Hayá (Jayá) sospechaba, entonces él le dijo a la Joven:

—"¿Ves lo que pasa?

Esta es una de las causas por la que no siempre puedes hacer lo que tu creas correcto, siempre tienes que darle la oportunidad al fruto de la paciencia, que opere dentro de ti, porque al hacerlo, permitirás que la paciencia geste en ti, la capacidad de ver como tomarás la decisión adecuada para enfrentar el desafío que estés afrontando."

Hayá (Jayá) hizo fuego con dos rocas y mientras avanzaron llegaron a encender doce pares de antorchas, pero se notaba claramente que el pasillo seguía a una profundidad más allá de donde ellos estaban, y mientras seguían el camino llegó un momento donde Hayá (Jayá) le hizo una señal, con su mano derecha a la Joven y le dijo:

—Parémos aquí, esta es la fila número doce de las antorchas de este pasillo, según mis cálculos proféticos, acá está la puerta,

Ella le dijo:

—"¿Puerta?, yo no veo ninguna puerta, acá sólo hay dos paredes, una a la izquierda y otra a la derecha."

Entonces Hayá (Jayá) le dijo:

—Si estoy seguro de que la puerta está en medio del pasillo, si la quieres ver tienes que cerrar tus ojos, ya que esta puerta no está diseñada para ser vista por los ojos naturales, esta puerta solamente puede verse con los ojos del espíritu.

Mis amados lectores, vale la pena tomar este punto en cuenta, hay muchas cosas que nuestros sentidos naturales ignoran, parte de esa ignorancia es la que nos mantiene sepultados, espiritualmente hablando y tampoco, nos permite ver las puertas que existen en el mundo espiritual que está delante de nosotros.

Es por esta causa, que tenemos que tener en cuenta que hay puertas que solamente pueden verse con la capacidad sobrenatural de nuestro espíritu, esta es la **<<VISION EMUNAH>>** solo con esta capacidad podremos lograr verlas y percibirlas.

Estas puertas muchas veces las atravesamos, sin darnos cuenta que entramos por Ellas, en el mundo espiritual esto es algo normal, sin embargo, en el mundo físico, pensamos que nada está pasando, más cuando nuestro potencial está siendo maximizado, automáticamente uno comienza a discernir sobre estas puertas en la dimensión del tiempo, cuando esto pasa, muere progresivamente la duda en nosotros y comenzamos a darnos cuenta que estas puertas espirituales, no son algo normal, pues según como van evolucionando nuestros sentidos espirituales, nos vamos haciendo conscientes que éstas pertenecen a otras dimensiones que provienen del más allá, que están más allá de nuestros sentidos, es decir, en el mundo de la eternidad.

Estas puertas pueden ser discernidas por medio de la fe o la
<<PERCEPCIÓN EMUNAH>>
(Percepción de la Fé)

Esto quedara explicado con la continuación de la historia.

...La Joven hizo lo que Hayá (Jayá) le dijo, cerró sus ojos al instante pudo ver puerta que había visto en su sueño la misma puerta que no pudo ver con los ojos abiertos y los sentidos naturales, entonces emocionada le dijo a Hayá (Jayá):

—"Puedo ver la puerta, Hayá (Jayá) la estoy viendo, la puerta es enorme

-¿Qué hacemos ahora?."

Hayá (Jayá) le dijo:

—"Tenemos que cruzarla, esta puerta nos llevará al desierto de los recuerdos."

Cuando la Joven lo escuchó, abrió los ojos asombrada y dijo: —¿Qué clase de puerta es esta?

Hayá (Jayá) le dijo:

—"No es una puerta común y corriente, es un portal a través del espacio y el tiempo. Esta puerta fue diseñada para transitar en las vías espirituales, pero solamente aquellos, que Hayán emprendido el camino del guerrero pueden encontrarla" Hayá (Jayá) continuó diciéndole:

"Tú eres una guerrera, has

emprendido el camino que muchos en la antigüedad caminaron, dejándonos un legado de valentía, coraje y esfuerzo".

Ahora me toca a mí preguntarte:

¿Estás preparada para atravesar la puerta?

Emocionada la Joven le respondió:

—"¡Sí! claro que lo estoy"

Entonces Hayá (Jayá) le dijo:
—"Cierra tus ojos y espera mi señal"

La Joven obedeció, cerró los ojos y volvió a aparecer frente a Ella, aquella enorme puerta.

Hayá (Jayá) le dijo:

-"No puedes entrar hasta que no te entregue primero el báculo y el manto que trajo el Ángel."

Ella asintió con su cabeza, esperando que su compañero le entregará lo prometido.

Hayá (Jayá) le dijo:

Toma el manto, esto es para protegerte a ti, de lo que vas a enfrentar en el desierto de los recuerdos, y el báculo es la autoridad que necesitarás para atravesarlo, porque debes tener en cuenta que el desierto de los recuerdos es un lugar difícil y solamente los valientes sobreviven.

Mientras le decía estas palabras, Hayá (Jayá) le entregó a la Joven el manto y el báculo diciéndole:

—"Respira profundo, arrópate con el manto y empuña el báculo con poder frente a ti y ahora atraviesa la puerta."

Así lo hizo la Joven y avanzó paraentrar por aquella extraña y mística puerta.

Mientras entraba por aquella misteriosa puerta sentía un calor abrasador, que emanaba del otro lado de la puerta, pero esto no la detenía, Ella sabía que tenía que seguir avanzando, pues esto era parte de su misión.

Cuando por fin cruzó al otro lado muy sorprendida dijo:

—"Estoy en un gran desierto"

Cuando giró para mirar atrás y ver la puerta de la que habia salido, está ya no se veía, parecía como si en ese lugar jamás hubiese habido una puerta, pero de repente sopló el viento del desierto y detrás de Ella apareció Hayá (Jayá)y le dijo:
-"Vamos, avancemos, este desafío apenas comienza."

Amados lectores, quiero enfatizar algo, antes de entrar en desarrollo profundo sobre todo lo que tratará este nuevo desafío, es importante resaltar las habilidades sobrenaturales que existen más allá de las regiones, en donde viven alojados todos nuestros pensamientos.

En estas regiones están las habilidades que comprenden un espacio amplio, que a su vez permite que se puedan desarrollar alternativas que pueden ayudarnos a entender el propósito de cada travesía de nuestra vida, pero para llegar a este estado, es necesario comprender los siguientes puntos.

1. Todo hombre o mujer de Dios, que quiera llegar a conocer su propósito de vida, tiene que entender lo importante de vivir una vida disciplinada, esto lo digo porque la disciplina, creará en tu diario vivir una dependencia de la presencia de Dios en tu vida, la disciplina te acercara a conocer, que sin ella no podrás ser efectivo a la hora de cumplir tu asignación.

Nunca hagas las cosas solo porque crees que son agradables, este es un error que cometen muchas personas, quienes hacen las cosas solo porque creen que son buenas y en este camino de la vida tenemos que saber que todo me es licito, pero no todo nos conviene.

2. No te límites a buscar solo lo que necesitas, se entiende que cuando necesitamos algo, ese algo muchas veces se convierte en una prioridad, pero esto no debe ser así, porque las sagradas escrituras son muy claras cuando dicen:

Mateo 6:33
<<Buscad primeramente el reino de Dios y su justicia y las de más cosas vendrán por añadidura>>

Es imprescindible saber esto, porque si miramos la vida de la Joven, al parecer, dejó todo lo que era importante para su vida, para emprender aquel viaje sin temor a los desafíos que en el camino le aguardaban, todo esto lo explico detalladamente en el primer tomo de este libro, allí les doy a entender, la importancia de obedecer al llamado, ya que muchas veces hay que despojarse de todas aquellas cosas que pensamos que son importantes en nuestras vidas, pero que cuando las miramos desde otra perspectiva, se convierten en anclas u obstáculos,

que nos limitan y no nos permiten
avanzar a los siguientes niveles
de luz y consciencia.

La Joven dejó su castillo, realmente lo
dejó todo atrás y todo esto lo hizo
solamente por perseguir su propósito
y también por cumplir la asignación
por la cual estaba en este mundo,
menospreciando hasta su propia vida,
sin miedo a nada, solamente
para lograrlo.

3. Aprender a diferenciar lo correcto
de lo incorrecto.

Esto es vital para tener una vida
plena, esto lo digo porque hay cosas,
que en el momento que las realizamos
son desagradables, y hay otras que nos
fascinan mientras las hacemos,
un claro ejemplo de esto, es cuando
vas correr en la mañana o cuando vas
al gimnasio, en el momento de correr o
hacer las rutinas que el entrenador te
manda, sabes que al hacer esto,
sentirás la fatiga que desagrada al

cuerpo y quieres que eso acabe rápido, pero también sabes esta misma fatiga, que al principio te duele, si la conviertes en parte de una disciplina diaria, a lo largo de tus días, ese dolor te ayudara a mejorar.

Pero en cambio si estas bebiendo alcohol, fumando, comiendo mal, dulces, golosinas y haciendo todas las cosas que agradan al paladar y son placenteras a los sentidos naturales, tienes esa sensación de falsa feliciad, ya que puede que en ese momento, sientas suficiente placer, pero no puedes negar, que este mismo placer traerá consecuencias a tu salud .

Lo peor es que sabes que en ese momento te estas convirtiendo en cómplice de tu propia destrucción, no haces el esfuerzo por cambiar esos malos hábitos, ya que a la larga de estas prácticas, tu cuerpo enfermará y no podrás lograr vivir en la disciplina, una que te provea del ánimo necesario para enfrentar los desiertos de esta vida, ya que tu propio cuerpo te llevó a la ruina, por consumir cosas placenteras y destructivas.

Claramente podemos hacer una comparación y decirque en el mundo espiritual pasa lo mismo, cuando nosotros vivimos una vida ociosa o perezosa, solo estamos dándole esas golosinas a nuestra alma, estas son las que nos irán matando lentamente, pero por lo contrario, cuando aprendes a tener disciplina, la cultura del reino se plasma en tu vida y te conviertes en una herramienta útil para el reino de Dios, cuando esto sucede, los cambios se manifiestan en tu medio ambiente y los frutos se dejan ver, porque te das cuenta que eres mejor de lo que habías pensado que eras.

Creeme serás la mejor versión de ti mismo, siendo esa persona que todo el mundo quiere escuchar, por que portas la sabiduria que da la experiencia respaldada por una identidad de cambio, a quien por su disciplina, se le otorgó la autoridad de predicar con el ejemplo, tu condición no puede limitar las ganas de levantarte, no existen las excusas, solo tienes que tomar la decisión y ponerte en el lugar correcto, ahora mismo, mientras lees estas líneas debes pensar cuales son las cosas que tienes que cambiar, debes identificar cuáles son las "golosinas" que están envenenando tu alma y eliminarlas definitivamente.

Cuando lo hagas, toma lápiz y papel y forja hábitos saludables para tu alma, y créeme que aunque te duelan en la carne, tendrás regocijo en tu espíritu.

Aléjate de aquellas cosas que contaminan tu mente, alimenta bien tu cuerpo, reduce el consumo de comida chatarra, alejate de la basura cibernética, dale un respiro a tu alma invierte bien tu tiempo y cultiva tu mente adquiere conocimiento y toma la decisión ya mismo, no hay más

tiempo que perder tu tiempo
es ahora.

...La Joven sorprendida miraba
aquellas grandes dunas del desierto,
su alcance era gigantesco a donde
vieras estaba cubierto de arena
Ella le preguntó a su compañero:

-"¿Hacía donde debemos avanzar?"

El viento soplaba todavía y su
compañero respondió:

—"Levanta el manto y ubica
la dirección del viento,
Sigamos su rumbo."
—"Pero el viento cambia de
dirección a cada momento"

Dijo la Joven a su compañero,
a lo que él le respondió:

—"Recuerda las antorchas
... Aunque parezca que es lo
correcto, no quiere decir que estás en
lo correcto..."

-"No siempre tenemos que seguir a la razón, porque cuando somos guiados por el espíritu, tenemos que aprender a entender el lenguaje del viento, así que deja que tus sentidos hagan silencio, y permítele a la intuición profética que te guie y te ayude adiscernir el mensaje que el viento quiere transmitirte.

<<El viento sopla de donde quiere y oyes su sonido, más no sabes de dónde viene, ni sabes a dónde va, así son todos los que nacen de Dios>>.

Esto lo aprendemos de nuestro maestro Jesús, somos guiados por el espíritu, en un mundo que es incapaz de encajar en los sentidos humanos.

Recuerda que nuestro Dios hace a los vientos, sus mensajeros y a las flamas de fuego, sus ministros. La Joven al escuchar las sabias palabras de Hayá (Jayá), cerró sus ojos, levantó el manto y decidió

seguir la dirección en la que
el viento soplaba.

Mientras avanzaban el viento los iba
guiando hacia una gran duna o
montaña de arena así que sin
dudarlo decidieron subir la
gran duna de arena.

La Joven usaba el báculo para
impulsarse en la subida, mientras que
su compañero Hayá (Jayá) venía
flotando sobre la arena tras de Ella.

Cuando ya habían subido la mitad de
la gran duna de arena, comenzo a
anochecer y la oscuridad comenzaba
a cubrirlo todo, Ella se detuvo
porque se sentía muy cansada
y le dijo a su compañero:

—"Cuánto me gustaría ser como
tú y flotar, porque al parecer,
tú no conoces el cansancio."
Hayá (Jayá) le respondió:

—"No me canso porque soy un espíritu, pero cuando encuentre mi cuerpo sentiré el cansancio como lo sienten los seres humanos, así es que te digo, que sigamos subiendo hasta llegar a la cima."

La Joven recobró las fuerzas y avanzó hasta llegar a la cima.

Cuando estaban en la cima, el viento era más fuerte, el manto se elevaba por encima de Ella, así que Ella se dispuso a contemplar el paisaje desértico desde la cima de aquella montaña. La Joven miraba hacia todos lados hasta que fijó su mirada en algo que le llamó mucho la atención, algo muy profundo, a lo lejos se veía una hermosa luz que parpadeaba en medio del desierto, esta luz solo podía ser visible desde la cima de aquella gran duna de arena.Inmediatamente sus sentidos espirituales se activaron y Ella misma le dijo a su compañero Hayá (Jayá):

-"Parece que el viento nos está impulsando hacia aquella luz que alumbra a lo lejos"

Hayá (Jayá) le dijo:
—"Avancemos entonces."

Pero Ella le respondió:

—"Si bajamos de la montaña perderemos contacto con la luz."

Mis amados lectores, queda claro el misterio de mantenerse en una dimensión elevada de conciencia, porque esta gran duna o montaña de arena, en el desierto de los recuerdos, simboliza los desafíos que enfrentamos en nuestro diario vivir, y esto también representa, que cada vez que conquistamos la cima de estas montañas, alcanzamos a tener contacto con la luz superior.

Esto significa que el precio que tú estás pagando, en estos

momentos por la prueba o la dificultad que estás atravesando, te llevará a un nuevo nivel de consciencia.

Le dijo Hayá (Jayá)

—"¿Entonces Qué hacemos?"
Ella le dijo:

—"Tu eres el que conoce las respuestas."

Pero él le dijo:

—¿Esta no es mi prueba, es la tuya, es tu proceso, es tu desierto,

¿Dime qué es lo que hay que hacer en una situación como esta para no perder el contacto con la luz?
Ella le dijo:

—Lo importante es caminar en dirección a la dimensión y a la altura, donde la luz siempre sea visible y mientras caminemos el

camino de la luz, no perderemos
el rumbo.

—"Excelente respuesta,
le dijo Hayá (Jayá), esa era la
palabra que hacía falta, para que
se revele el camino."

Luego de estas sabías palabras
hubo un gran temblor en el
desierto y fueron emergiendo
montañas y dunas enormes,
hasta que formaron un camino
arenoso, que estaba construido por
dunas y cimas, que se unían
con la otra.

La Joven sintió confianza
para atravesar aquel camino
misterioso que se había formado
y que conducia a aquella
extraña luz.

Despues de un tiempo de ir
avanzando por aquel camino
misterioso, mientras Ella caminaba
observando las enormes dunas

que lo conformaban se les
apareció un espectro, era un
espíritu que moraba en el
desierto y le dijo:

—¿Sabes quién soy yo?

La Joven le dijo:

—No te conozco…
¿Quién eres?

El espectro le dijo:

—¡Yo soy el recuerdo más
doloroso de tu infancia!
Cuando el espectro le dijo esto a la
Joven, Ella recordó, que cuando era
pequeñaalguien intentó abusar de Ella,
ese recuerdo de su infancia, marcó su
vida, al recordar ese
horrible suceso, las lágrimas
comenzaron a brotar de los ojos
de la Joven.

Aquel espectro le había dado
un golpe letal

Mientras Ella lloraba,
se preguntaba…

¿Por qué me duele tanto,
si eso sucedió hace mucho tiempo?

Entonces el espectro le dijo:

—"¿Te duele verdad?"
-¿Quieres saber por que?

-Es simple y te lo explicó,
lo que te pasó, hace mucho tiempo
dejó de suceder en la realidad,
pero en tu mente todavía sigue pasando
y vive latente aquel momento triste de
tu vida y cada vez que lo recuerdas lo
estas reviviendo una y otra vez."

La Joven le preguntó a Hayá (Jayá):

—¿Y ahora cómo hago?
Me siento desarmada, siento que
todo lo que he logrado hasta ahora
no vale la pena, siento que hasta
aquí llegó este viaje.

Su compañero le dijo:

—"Esta confrontación interna,
contra tu pasado es la más
importante para tu vida, porque no
puedes llegar enferma ni herida por
dentro a la montaña de cristal."

Entonces Ella le dijo:

—Hayá (Jayá), pero cómo puedo

luchar contra algo que al recordarlo me lastima, me mata y me destruye? Hayá (Jayá) le respondió:

—"Todo lo que te está pasando
ahora, tendrá poder en ti,
si tú misma se lo permites,
el secreto para sanarte de esa herida es
que perdones a quien te la causó."

La Joven lanzó un grito y dijo:

—"¡No puedo perdonar!
-¿Dime como puedo perdonar a
quienmanchó con sus manos
mi inocencia?"

Su compañero le respondió diciendo:

—"Si no tienes la capacidad de
perdonar, entonces no eres digna de
llegar a la montaña de cristal pues de
todas las bestias que tendrás que
vencer en el camino, tú eres la mayor
de ellas y por eso ahora te digo,

¡Si no te vences a ti misma,
no avanzaras y no sanarás!."

Debes recordar como atravesaste
el pantano de la tristeza, gracias
a que ibas sobre la Gran Fortaleza,
ahora solo recuerda tener la fortaleza
suficiente para entrar a la dimension del
perdón para poder vencerte a ti
misma y poder perdonar a quien te
lastimo para asi cruzar y salir de este
desierto, solo entonces domarás y
vencerás este espectro que te
atormenta, solo asi él
desaparecerá de tu vida,

Ella respondio:

—"Pero perdonar es muy difícil."
Y su compañero le dijo:

—"Nuestro amado Jesús, tuvo la
capacidad de perdonar a aquellos que
le crucificaron y murió para que tú
tengas la misma capacidad
de perdonar."

Entonces Ella dijo:

-"¿Cómo puedo entrar a la dimensión donde pueda vencerme a mí misma?"

Hayá (Jayá) le dijo:

—"A veces el amor duele, cuando sientes el dolor, sabes cuál es el peso que debes cargar para cumplir tú asignación."

Entonces la Joven echó un grito al aire, con voz en cuello mencionó el nombre de aquella persona de su infancia y dijo:

—"¡Te perdono, así estés vivo o estés muerto, te perdono y me libero de este peso y de este pasado oscuro que me atormenta!"

Cuando la Joven dijo estas palabras, el espectro lanzo un grito de tremenda ira y se desintegró en mil pedazos delante de Ella, fue asi como este espectro se desvaneció en el aire.

La Joven siguió avanzando,
su cuerpo estaba liviano como una
pluma, pues aquella carga emocional
que llevaba cargando hacía tanto
tiempo pesaba más que las partes de
la armadura que tenía puesta.

Así la Joven y su compañero
continuaron avanzando contra todo
pronóstico, enfrentando en el camino
cada recuerdo y venciéndolo con la
misma fórmula el poder del perdón.

Mientras más caminaban,
se acercaban más y más a la
misteriosa luz esta se iba haciendo
más grande.

Nuestros viajeros enfrentaron fieras,
criaturas de la noche, espectros que
atacaban en el día, a Ella le tocó
luchar con cada uno de sus más
dolorosos recuerdos, hasta vencerlos
a todos y sanarse por completo
de todo su pasado.

CAPÍTULO 13
La Montaña de Cristal

Al llegar a aquella lejana y
misteriosa luz, Ella se sorprendió,
ya que la luz era el reflejo de lo que
tanto anhelaba, lo que tanto
deseaba, aquella luz era la gran
montaña de cristal.

Ella le dijo a su compañero
contenta y alegre

-"Por fin hemos llegado a
la montaña de cristal."

Pero él le dijo:

—"No celebres todavía, de todas las
montañas que hemos vencido,
esta es la más alta."

Entonces Ella dijo:

—"Siento la fuerza, sientola autoridad
de subir a la cima de esta montaña
y llegar al lugar donde están las
bóvedas de todos los Elohines."

Entonces Hayá (Jayá) le dijo:

—"No perdamos más tiempo
y subamos."

La Joven se acercó hasta llegar a la
falda de la enorme montaña de
cristal, pero no había un camino

específico para comenzar a subirla, entonces su compañero le dijo:

—"Toca con el báculo las rocas que están acá abajo, en la falda de la gran montaña de cristal."

La Joven obedeció y cuando comenzó a tocar las rocas de aquel paraje comenzaron a salir melodías, sí unas melodías muy agradables a los oídos de la Joven, Ella siguió tocando las rocas y de Ellas seguían saliendo bellas y mágicas melodías, aquello se convirtió en una atmósfera de adoración, hasta que después de varios minutos, Ella tocó una roca extraña que sobresalía en medio de todas las que habían, cuando la tocó, se abrió un camino que estaba oculto delante de ellos. Este camino tenía una escalera, cuando ellos comenzaron a subir aquella escalera, el sonido de las melodías, les seguían por donde quiera que iban subiendo, aquello era un escenario maravilloso y

hermoso, porque la montaña
alumbraba, resplandecia con un brillo
hermoso que provenia del interior de
la misma montaña, parecía un
castillo, algo muy bien confeccionado
por fuera, con apariencia de monte,
pero por dentro un lugar celestial.

Avanzaban y avanzaban,
hasta que llegaron a la cumbre
de las montañas y en esa cumbre
encontraron una sala gigante
y allí estaba el lugar que andaban
buscando, aquello era algo
majestuoso, difícil de explicar
a los sentidos humanos.

La Joven, con tantos sentimientos
encontrados, lloraba de alegría y
le daba gracias a su amigo
Hayá Jayá), por haberla
acompañado hasta ese lugar tan
hermoso, su atención fue cautivada
con la belleza en la que se
conservaban todas aquellas lápidas,
pues esto no parecía un cementerio,
parecía una bóveda o algo que no era

para guardar personas muertas,
sino un lugar especial para guardar,
sabiduria, para guardar vida.

En medio de todas las bóvedas,
había una que llamaba mucho la
atención de la Joven.

Esta bóveda tenía algo especial,
pues había en Ella un animal
esculpido en el cristal del cual
estaba hecha aquella lápida.

La Joven se acerco para detallar
mejor aquel símbolo tallado que
parecía un ser muy fuerte,
aquello parecía un León esculpido y
también un Águila, era la mezcla de
dos animales. Hayá (Jayá) le dijo:

—"Ignora esa bóveda"

Y la Joven le dijo:

—¿Por qué quieres que la ignore?
-¿Qué tiene esa bóveda en especial?

Hayá (Jayá) lanzo una
risa sospechosa y le dijo:

—"Sólo ignórala y sigue
mirando las otras bóvedas."

La Joven le dijo:

—"Pero es que siento una atracción
muy fuerte, siento como si algo
dentro de Ella llamara a mi alma con
gran insistencia, siento que algo
está emanando de esa bóveda,
algo que hace que mi alma vuele,
puedo decir que lo que siento,
conecta mi alma con lo que he
venido a hacer aquí…

Hayá (Jayá) le dijo:

—"Quizá tu conciencia humana no está
preparada para digerir lo que se
puede liberar de esa bóveda."

Ella le dijo:

—¿Tú sabes lo que hay

adentro de ella?

Hayá (Jayá) le respondió:

—Una vez que esa bóveda sea abierta,
lo que pasará después de eso,
cambiará el rumbo de tu historia.

La Joven insistió y dijo:

—¡Si tengo que morir, moriré!,
Pero siento, que lo que hay dentro de
esa bóveda, forma parte de este viaje
y debo descubrir que es."

Pero Hayá (Jayá) le dijo:

—¿Porqué de todas las bóvedas
que hay en este lugar,
solo quieres abrir esa?

Ella le dijo:

—"No es que yo quiera, es que lo que
hay ahí dentro forma parte de mi ser,
es una pieza de mi destino."

Entonces Hayá (Jayá) le dijo:

—"Si quieres abrir esa bóveda,
te lo voy a permitir, pero primero
tienes que entender, que lo que pase
después de que esa bóveda esté
abierta, queda abajo tu
responsabilidad."

Entonces la Joven le dijo:

—¿Qué tengo que hacer?

Y él le dijo:

—"Tienes que mirarte en el espejo
que está frente a esa lápida."

La Joven dijo:

—"¿Espejo, cuál espejo?"
Entonces Hayá (Jayá) le dijo:

—"Acércate y lo verás."

Cuando Ella se acercó a la bóveda,
notó que realmente había

un espejo, al parecer su compañero
conocía muy bien el lugar,
pero Ella impulsada por la
atracción sobrenatural
que sentía, avanzó hacia
el espejo.

Cuando llegó a aquel misterioso
espejo, se vio reflejada en él
y se dio cuenta de lo estropeada y
desgreñada en que se encontraba
y de la condición física
tan deteriorada que tenía.

En ese momento Ella dijo:

—"Cuán descuidada y
maltratada estoy."

Una voz les respondió
desde el interior del espejo,
y le dijo:

—"No estás descuidada ni
maltratada, eres hermosa,
muy bella, eres una princesa."

Ella miró hacia atrás porque no sabía
de dónde venía la voz, pues la voz que
le hablaba era su misma voz,
era como si la Joven estubiera
hablando consigo misma.
Sorprendida se quedó
mirando a su compañero
y le dijo:

—¿Hayá (Jayá)
qué está pasando?

Y Hayá (Jayá)
le dijo:

—"Vuelve y mira."

Cuando la Joven volcó su mirada
hacia el espejo, lo que Ella vio,
era muy diferente,
a lo que vio al principio,
pues vio su alma que la
observaba desde el
espejo y le dijo:

—"¡No tengas miedo!
-¡Yo soy tu ser interior!
-En todo este viaje has pasado un sin
fin de obstaculos de todo tipo para
lograr llegar hasta acá, por esto,
antes de que abras la bóveda,
tengo que darte algo que
tú no conoces."

La Joven preguntó:
—¿Y qué me darás?

Y el reflejo en el espejo le dijo:

—Te voy a dar tu nombre.

Mis amados hermanos, conocemos que, en las escrituras, el Señor le cambió el nombre a varios de sus siervos.

Desde el primer tomo de Emunah y tambiénen este segundo tomo, he hablado de la Joven y hasta ahora, era un personaje que no tenía nombre, un personaje que protagonizó un libro completo y nunca supimos cuál es su nombre y esto lo hace más interesante, ya que, según vamos subiendo de nivel, vamos teniendo un conocimiento más profundo del mundo espiritual y de nosotros mismos.

En esta ocasión, Ella tuvo que llegar a la montaña de cristal y en ese lugar, encontrar un espejo que mostraba algo más allá de la apariencia, un espejo que le mostraba el reflejo de su propia alma y permitía que Ella tuviera una conversación con su propio ser.

Existen unas fuerzas, unos recursos o herramientas, que están inactivas dentro de nosotros.

La única manera que podemos llegar a abrazar esas regiones de conocimiento, es subiendo a las dimensiones profundas, atravesando el valle de las sombras y de la muerte, atravesando el pantano de la tristeza, atravesando el desierto de los recuerdos y subiendo a la montaña de cristal.

Cada desafío te dará una enseñanza, cada enseñanza un aprendizaje y cada aprendizaje forjará un principio en tu vida,

para convertirte en el guerrero
que tienes que ser en Dios.

Digo esto, porque ahora por fin
sabremos cual es el nombre de la
Joven y qué significado tiene el
nombre de nuestra princesa guerrera.

La Joven estaba entusiasmada
esperando recibir aquel nombre,
proveniente de su reflejo en el
espejo, este reflejo que era
su propia alma le dijo:

—Tu nombre también estuvo
encarcelado dentro de ti misma
en el mundo de los hombres, tienes
el nombre que te dio tu Madre,
pero en el mundo de los espíritus,
tienes el nombre que
te Puso tu Dios

Tu nombre es:
<<SHIARA>>

Cuyo significado es

<<PORTADORA DE LUZ>>

Cuando la Joven escuchó su nombre
por primera vez, toda su alma,
su espíritu, su cuerpo y todo su ser,
vibraron al unísono.

La luz comenzó a emanar de
todo su cuerpo.

Entonces ahora su apariencia
exterior era igual a como se veía en el
espejo, su parte interior se alineó con
su parte exterior, estaba
renovada, llena de luz, así que
emocionada llamó a su
compañeroy le dijo:

-"¡Hayá (Jayá) ya estoy preparada
para abrir la bóveda!."

Él le dijo:

-"Acercate a la boveda pero
aún falta una última cosa."

Ella avanzó hacia la bóveda una vez más, como le dijo Hayá (Jayá) y cuando llegó, la luz que emanaba de su cuerpo alumbraba todo el entorno,entonces su compañero le dijo:

—"Ya puedes abrir la bóveda y Ella le dijo:

¿Por qué no vienes?

y él le dijo:

—Yo no puedo acercarme, hasta que la bóveda no esté abierta,

Entonces Ella dijo:

—¿Tiene alguna clave o alguna forma de abrirla?
Hayá (Jayá) le dijo:

—"Claro que la tiene, pero solamente la verás cuando toques con tus manos la bóveda."

La Joven SHIARA se acercó a la bóveda y la tocó, mientras la tocaba, comenzaron a manifestarse frente a Ella unas letras color púrpura, fluorescentes que tenían escrito el siguiente acertijo:

...Aquella que está en los aires, es la misma que está en el cielo, hace lo mismo que él que camina en la tierra. En los aires Ella es reina, pero en la tierra él es Rey...

¿Qué es esto?

—No conozco nada que en el cielo sea Ella. En la tierra sea él.

Hayá (Jayá) le dijo:

—"Hay Leones que vuelan como águilas y águilas que caminan como Leones."

No intentes razonar con lo irrazonable, en el mundo

sobrenatural los sentidos sólo son un obstáculo, una interferencia que no puedes permitirle a tu mente humana, que interrumpa la revelación divina, deja que el espíritu te guíe y piensa bien en la respuesta.

El acertijo se extendía y la Joven seguía leyendo, todo esto se asemejaba como a una parábola y parecía que no tenía ningún sentido, se decía así misma:

<<Aquel que mira en lo alto, mientras toca el aire y en los cielos tiene la capacidad de tomar territorio en la tierra>>.
Ella le dijo a Hayá (Jayá):

—"¿Cómo puedo descifrar este código?

"Hayá (Jayá) Siguió diciendo:

—El Águila se eleva, cuando el León camina.

—¿Sabes cuál es el acertijo?

Ella dijo:

—"¡Creo que ya lo tengo!
Gritó y exclamó, ¡Ya lo tengo!,
se acaba de revelar a mi espíritu,
el Águila es la visión del reino,
aquella que interpreta el código del
viento, aquella que conoce el
sendero de la tormenta es el Águila,
el León es el que toma el territorio,
es el que conquista,
el que implanta el reino.

Hayá (Jayá) entonces dijo:

—"¿Cuál es la palabra?"

La Joven SHIARA dijo:

—Dentro de mi cuerpo están unidos
y mi imaginación está ilimitada,
pero afuera de mi cuerpo todo
está prisionero por el reino de los
sentidos, por lo tanto, este acertijo
no se resuelve con los sentidos,
se resuelve con los sentidos del

espíritu, la palabra que abre esta
bóveda es:

<<AGUILEON>>

La combinación, la fusión de
un León y un Águila,

¡SÍ, Águila y León!

Cuando Ella pronunció la palabra
AGUILEON, se escucharon truenos y
sonaron chafares y en cámara lenta
comenzó a abrirse la bóveda.
Mientras esta se abria poco a poco
aparecio el cuerpo de un guerrero que
parecia como si estuviera
dormido, cuando la Joven vio el
cuerpo de aquel guerrero, notó que
tenía en una de sus manos una llave y
justo al lado de la bóveda se abrio una
hendidura, que ocultaba una cerraddura
para introducir aquella llave.

La Joven SHIARA le preguntó
a Hayá (Jayá), quién aún
se mantenía a la distancia
y le dijo:

—¿Y ahora qué hago?

Hayá (Jayá) le dijo:

—"Toma la llave que tiene el guerrero e introdúcela en la cerradura." Cuando la Joven lo hizo, comenzó a sentir como una fuerte energia que empezaba a recorrer todo su cuerpo, era como algun tipo de electricidad. La brisa soplaba, los truenos se escuchaban, esta vez más fuerte que nunca, parecía como que lo que estaba ahí adentro, era algo demasiado fuerte, Ella dijo:

—"Voy a girar la llave para que se cumpla mi propósito final."

Cuando Ella giró la llave en la cerradura, un ruido misterioso comenzó a sonar en aquel lugar, como ranuras, movimientos de enormes piñones y engranes, en este momento la boveda se torno en una una gran puerta, un fuerte temblor comenzo en aquella

montaña y genero que la puerta
comenzará a desplomarse...

Luego que se desplomo aquella
puerta una gran luz color violeta
atraveso el polvo y los escombros, del
interior de la puerta derrumbada salió
un ser hibrido, el cuerpo era una mezcla
de guerrero con cabeza de
León y alas de Águila.

Este majestuso ser se levantó y
camino erguido como un hombre
de adentro de las ruinas de aquella
boveda derruida.

Mientras esto pasaba, la Joven
SHIARA sintio temor de la creatura
y miró hacia atrás, buscando
a su compañero Hayá (Jayá)
para que le explicara que estaba
pasando, pero para su sorpresa,
cuando miró hacia atrás,
Hayá (Jayá) ya no estaba,
había desaparecido, esto la puso muy
nerviosa y triste, por este motivo
comenzó a gritar desesperadamente
el nombre de su compañero:

-¡Hayá! (Jayá)
- ¡Hayá! (Jayá)

-¿Dónde estás compañero,
mi amigo a donde te has ido?
-¡Hayá (Jayá) no me dejes sola!

¡Su amigo!, Hayá (Jayá) habia
desaparecido, y ahora se encontraba
Ella sola frente a este poderoso ser
quién respondía por el nombre de

<<AGUILEON>>

La Joven cada vez se sentia más angustiada al no ver ni persivir a su amigo Hayá (Jayá), mientras <<AGUILEON>> solo permanecía en frente de Ella con los ojos cerrados, parecía que estaba persiviendo la atmosfera y la energia del lugar donde habia despertado .

La Joven SHIARA sin entender lo que pasaba, con lágrimas en sus ojos lanzo un grito desgarrador desde lo mas profundo de su angustiado corazón y dijo:

-¡Hayáaaaa! (¡Jayáaaaa!) !!! Donde estaaaaaas ¡¡¡

Cuando gritó, su voz estremecía toda la montaña de cristal y en ese momento aquel ser que había salido de la bóveda, abrió sus ojos y miro fijamente a la Joven y le dijo:

-"Hola, yo soy Hayá (Jayá), este es mi verdadero cuerpo,

aunque parecia que estaba dormido,
no lo estaba, mi cuerpo estaba
esperando que tú vinieras y lo
despertaras de nuevo, por eso
desde acá salí, con mi forma
espiritual para traerte a ti hasta acá,
pero solo tú podias volver a unirme
y llevarme a mi forma original."

Su compañero en su nuevo
cuerpo le dijo:

-"Mira a tu alrededor"

Cuando Ella miró, se dio cuenta que
no estaban solos, pues aquella
montaña, estaba llena de miles de
bóvedas, cada una contenia
un guerrero que dormía
profundamente esperando ser
despertado por alguien valiente,
que se atreviera a cruzar el arduo
y peligroso camino que tú tuviste
que atravesar para llegar hasta
aquí y despertar mi cuerpo,
yo represento la conciencía de los
Elohines que opera en todos

los guerreros que fueron
llamados a la dimensión de la
existencia la cual ustedes
le llaman vida.

Amados, creo que ahora es el
momento de aceptar el desafío,
hasta llegar a la montaña de cristal,
creo que hay muchos guerreros que
están esperando ser despertados
del sueño en el que viven.

Ese héroe está aquí, en espera de
esos guerreros, por esto te digo,
no puedes rendirte tienes que
seguir peleando, hasta que
cumplas el propósito por el
cual has venido a esta
dimensión de la existencia
llamada vida.

Pero esta historia aún no
acaba, así que prepárense.

La Joven SHIARA preguntó:

—¿Y ahora que pasará?

Pero AGUILEON hizo silencio…

En ese momento, la Joven entendió
que había cumplido su misión,
que había despertado al Elohin
<<AGUILEON>> quien era el mismo
Hayá (Jayá), la Joven SHIARA dijo:

—¿Entonces hasta aquí
me acompañaras?
¿Aqui termina todo?

Hayá (Jayá), que ahora tenía un cuerpo
y una identidad nueva, le dijo:

—"No te preocupes, ten paz,
Te veré más adelante
Joven SHIARA."

Desenvainó una espada que traía en
este nuevo cuerpo, alzó sus alas,
que eran como alas de fuego y
señaló con su espada he hizo
un juramento que decia:

Que mientras él tuviera vida,
iba a vivir para pelear por el reino y

para defender a todos aquellos que emprenden el camino del guerrero.

Mientras él decía esto,
algo extraño comenzó a pasar.

A la distancia se veía a un gigante que venía caminando amenazante hacia la montaña de cristal.

Un gigante, al cual nunca se había enfrentado.

AGUILEON le dijo a SHIARA:

—"Cubrete y ponte en protección.
-Estás en mi guerra.
-Esta es mi batalla."

Pero para la gran sorpresa de AGUILEON, cuando él decidió avanzar, volando hacia el gigante, algo Impactó su cuerpo en el aire, fue como si se hubiera estrellado contra un campo de fuerza invisible que protegia a aquel gigante que desprendía una fuerza abrumadora y contundente.

Cuando sintió este gran impacto AGUILEON, quedó suspendido en el aire como congelado.

Para sorpresa de ellos, aquel gigante tenía la capacidad de controlar el tiempo, podia detenrlo a voluntad.

Por esto AGUILEON no se podía mover, mientras el gigante venía a toda velocidad.

Aquello parecía que era el fin de nuestros amigos.

Pero cuando menos lo esperaban, se escucharon trompetas que

sonaban de todos lados, trompetas
que dejaban todo en suspenso,
el guerrero AGUILEON intentaba
moverse y no podía,
SHIARA también intentaba
moverse, pero tampoco podía,
el único que podía moverse era el
gigante que controlaba el tiempo y
avanzaba cada vez más amenazante
en dirección a la montaña de cristal.

Cuando aquel gigante estaba muy
cerca de donde ellos estaban,
extendió sus gigantescas manos
con la intención de triturarlos,
mientras avanzaba velozmente
con sus manos abiertas y ya
estaba a punto de capturarlos,
la Joven SHIARA lanzo un gritó
mientras por su mente pasaban
todos los bellos momentos que
había pasado junto a Hayá (Jayá)
quien ahora era AGUILEON.

Esta era una situación desesperante ya
que Ella sabía que su amigo no tenía

forma de escapar, entonces fue
ahi cuando de repente ...

Mis Amados lectores, espero hayan
disfrutado y sea de gran bendicion
para sus vidas esta segunda parte
de EMUNAH II El despertar de los
Elohines, si quieren saber
qué pasó con nuestros amigos,
no se pierdan el tercer volumen
de esta historia titulada:

EMUNAH III

La Leyenda del Guerrero

ATT: PROFETA LEÓN

Anotaciones del Lector

Anotaciones del Lector

Anotaciones del Lector

Anotaciones del Lector

Anotaciones del Lector

Anotaciones del Lector

Anotaciones del Lector

Anotaciones del Lector

Anotaciones del Lector

Anotaciones del Lector

Anotaciones del Lector

Anotaciones del Lector

Anotaciones del Lector

Anotaciones del Lector

Anotaciones del Lector

_____

_____

_____

_____

_____

_____

_____

_____

_____

_____

_____

_____

_____

_____

_____

_____

_____

_____

_____

_____

_____

_____

Anotaciones del Lector

Anotaciones del Lector

Anotaciones del Lector

Anotaciones del Lector

Anotaciones del Lector

Anotaciones del Lector

Anotaciones del Lector

Anotaciones del Lector

Anotaciones del Lector

_____
_____
_____
_____
_____
_____
_____
_____
_____
_____
_____
_____
_____
_____
_____
_____
_____
_____
_____
_____
_____
_____

Anotaciones del Lector

_____
_____
_____
_____
_____
_____
_____
_____
_____
_____
_____
_____
_____
_____
_____
_____
_____
_____
_____
_____
_____
_____
_____
_____
_____
_____

Anotaciones del Lector

Anotaciones del Lector

_____
_____
_____
_____
_____
_____
_____
_____
_____
_____
_____
_____
_____
_____
_____
_____
_____
_____
_____
_____
_____
_____
_____

Anotaciones del Lector

Anotaciones del Lector

Made in the USA
Columbia, SC
10 October 2024